哲学の練習問題

河本英夫

講談社学術文庫

はじめに——身体行為とイメージの活用法

私はランニングが好きである。運動といえばほぼランニングしかしない。自分でも、貧困なリフレッシュメントだと思う。しかし、手軽で、特別な準備もなく実行できる。ランニングをただひたすら走ることだと思っている人も多いかと思う。しかし、ランニングのさなかには、数々の発見がある。まず走り方をいろいろ変えてみる。例えば後ろ向きに走ってみる。最初は全身の違和感が強く、数メートルが限度である。そのとき無理には続けない。前向きにさらに数十メートル歩いてから、再度後ろ向きに走ってみる。今度は、ずいぶんと慣れた感じでしばらく走ることができる。身体には身体図式があり、普段の動作には意識しなくともおのずと手足、体幹が動いてくれるような身体の枠のようなものができ上がっている。この枠を変えるような動作を行おうとすると、違和感が生じるのである。

さらに、進行方向に横歩きで足を交差させるように歩いてみる。身体を横に向ければ、右側が前か、左側が前かによって動かし方のスムーズさにはずいぶんの違いがでる。最初はカニの横歩きのようなもので、よたよたとしてまっすぐには歩けない。そのときは多くの場合、既に身体各所に力が入ってしまっている。つまり、うまく歩けないときには、ガマンして乗り切るのではなく、少し浅めの深呼吸をして力を抜くのである。力をこめることは誰にでもできるし、反射的な対応は力をこめることになってしまう。だが、力を抜くためには、少しエクササイズ（練習）がいる。うまくいかずまどろっこしいような身体の動きを、力をこめないまま継続してみるのである。日常動作とわずかに異なることを実行しただけでも、多くのものを見いだすことができる。

本書で展開しようと思うのは、こうした身体行為を含めたイメージの活用法であり、イメージを通じて経験の動きに自在さを獲得することである。脳の活性化を目指して書かれた本は現在ではとても多く、それぞれ異なる場面に力点をおいている。だが、これらの本を読んで、少しばかりのコツのようなものは獲得できても、それはどこまでも少し無駄を省き、少し知識を有効に使える程度であることが多い。一時的に知識の活用がうまくできても、それはコツの修得にとどまり、能力そのものはいまだ開発しきれていないことになる。ここで重要なのは、「学習」と「発達」を区別しておくことである。

視点や観点の選択肢が一つ増えることは、学習の成果である。それに伴って知識も増える。しかし、能力そのものの形成や、能力形成の仕方を修得するのでなければ、テクニックが一つ増えるだけにとどまってしまう。現在流通しているかなり多くのノウハウ本を読んでみたが、多くは学習の範囲にある。本来、課題になっているのは、能力を形成することであり、発達を再度リセットすることである。このとき認知能力の向上だけでは足りないのである。認知能力は大半が大脳皮質の働きであるが、認知能力だけで単独で形成される回路はごく狭いものである。能力の形成を行うためには、行為に働きかけなければならない。このとき、まず認知を形成し、認知から行為を導くようなやり方を想定しがちだが、それはロボットで実行されている仕組みである。むしろ、**能力そのものの形成に働きかけるようなエクササイズを設定する**ことで、こうした企てに踏み込んでみようと思う。

発達と言えば、ほとんど生物学的に決定されていると思っている人も多いのではないだろうか。だが、脳神経システムや身体システムの可塑性の度合いは莫大なものがあり、いまだ活用できていない能力も膨大なのである。個々人の肺でさえ、酸素吸着能力はトレーニングによって7倍もの開きがでてくる。肺でさえこの程度の機能上の変動がでるのであれば、脳神経や身体には予想もできないほどの可能性が開かれているはずである。この可能性を現実化することが、発達のリセットである。

脳を刺激するさいに、現時点では直接脳に働きかけることはできない。おそらくかなり長い将来を見込んでも、直接脳に働きかけることで脳を改善することはできそうにない。脳の機能配置図は詳細になる一方だが、脳の配置図が理解できても、脳は良くならない。脳についていくら知識が増えても、脳そのものは良くならないのである。しかも、仮に薬物や物理的、化学的刺激で脳に働きかけることができるようになったとしても、脳が良くなる条件はいくぶんか変化するかもしれないが、脳そのものが良くなることはまず想定できない。

一方、**手は外に出た脳であり、身体は外に出た脳の容器である**。頭蓋骨のなかに納まっているのは、脳の構造部材であり、この構造部材を有効に活用するためには、外に出た脳に有効なエクササイズを課すしかない。また、そのとき知能や言語的思考回路に働きかけるだけでは、どのように広範にエクササイズを組み立てたとしても、経験の形成の半分にしか働きかけていない。新たなものが見えるようになり、少しばかり新たなことが考えられるようになっても、それらはせいぜい自分で理解しながら実行できる範囲のことである。自分でなにができるようになったかをわかりながら獲得できたものは、本当はごく狭い範囲の出来事である。初めて鉄棒の逆上がりができるようになったとき、あるいは初めて自転車に乗れるようになったときには、なにが起きたのか自分でもよくわからない。それでもできるようになるのである。

発達のリセットには、「わかる」とは別の仕方で「できるようになる」という広範な裾野がある。こうした領域ではイメージが決定的に利いている。本書で扱うイメージは、一般に受けとられている感覚・知覚によって取り入れられる情報のようなものではなく、むしろ、それが生み出されて現実の行為の重要な手がかりになっているものである。身体動作にも、運動のイメージや姿勢のイメージが伴っており、こうしたイメージを手がかりにして動作を行っているのが普通である。本書では、この「できるようになる」という能力の形成に働きかけてみようと思う。

形成のプロセスを組み込んだシステムの代表例が、オートポイエーシスである。このシステム構想の定式化には、動き続けることの仕組みが含まれている。そのため、オートポイエーシスであれば、自動的にシステムは自律回復し、自動的に自己生成するのだから、ほうっておいても大丈夫だと思われがちである。そんなことを言う人も多い。だが本性上、動き続けるシステムであっても、停滞することもあれば、構造的欠陥を抱えたまま自在な動きを回復できないことも頻繁に起こりうる。また、作品を制作した後、数年にわたって自分のつくり出した壁に直面してしまい、不本意にブレイクできないままになることも頻繁に起こる。こうした場面では、新たな変数を獲得するように経験の動きの局面を変えることが必要となる。

本書のベースになっている素材は、二つある。一つは、ここ数年取り組んでいる「認知運動療法」（認知神経リハビリテーション）である。この療法は、理学療法、作業療法の最先端の治療法で、片麻痺、失行、失認、脳性麻痺のような脳の障害への治療法であり、イタリアの神経内科医カルロ・ペルフェッティによって開発され、現在、なお新たな治療技法が開発され続けている。この治療法の良さは、身体運動と認知能力の再生に向けて、科学的に吟味できる手法を設定したことにある。この治療法は、能力の再生にかかわっているために、自閉症や認知症にも応用可能であり、さらに一定の条件を付ければ、心の再建・再生のためにも変換可能だと思われる。

もう一つのベースになっているのは、武蔵野美術大学・基礎デザイン学科で7年間行ったイメージについての講義である。講義名は「オートポイエーシス論」であるが、個々の制作技法ではなく、科学技術、身体表現、映像、文学などを題材として、発想、アイデア、イメージの提示の試みを行った。そのなかから経験を拡張していくための材料を選び出してある。

この二系列の素材を活用しながら、発達のリセットという課題に取り組んでみよう。それは一面、人文社会科学、哲学、認知科学、科学技術、教育学の素材を手がかりとした「創造性の科学哲学」と呼べるようなものになるはずである。

本書を活用するさいには、どの章からでも入ることができる。最も関心のある章から入り、隣接領域へと移っていくことができる。脳が基本的に多並行分散系であることを考えれば、そのことはむしろ当然のことでもある。ただし、やや理論的な最終章は、最後に回したほうがいいかもしれない。ともあれゆったりとまず一歩踏み出してみようと思う。

目次

哲学の練習問題

練習問題1　創造性への屈伸運動——「言葉」と「感覚」を揺する

凡人のための創造性入門

創造性を発揮するためには、別段天性の才能がなくてもよい。また、およそ才能と呼べるほどのものはなくてもよい。あるいは逆に天性の才能があるからといって、必ずしも才能が発揮されるわけでもない。たとえ凡人であっても創造性を発揮しようと思うなら、いくつか試みていいことがあり、しばらく続けてみたほうがよい「手続き」がある。この本では私がこれまで出会ってきた科学者、アーティスト、哲学者とのかかわりのなかで感じとってきたことを題材にしたい。とりわけ職人レベルの経験の細かさを活用することにしたい。まず初歩的な事項を確認しよう。

左の図に対して、できるだけ面白くなるようになんでもよいから描き足してみてほしい。実際に一本の線を引いてみてほしい。一つ描き加えたとき、さらに別の描き加えが見つかる。これが継続するようだと、展開可能なラインが見えてくる。そのとき課題の内実がうっすらとだが見えている。これが課題に対する感受性である。次の描き足しが予期[*1]のなかで見えてくる場面がそれに相当する。その途上で別のものが見えてきて、別の方向に切り替えることがある。どの場面でも描き足しは、そのつど分岐を含む。そのため別のアイデアが出現する。経験のラインを切り替えるように展開していくとき、これが思考の流暢さである。切り替えられるアイデアの幅の広さが、思考の柔軟性である。また、そのアイデアのなかで、余人によってはとても出せそうもないものが出現してくる場合が独創性である。既に引かれ

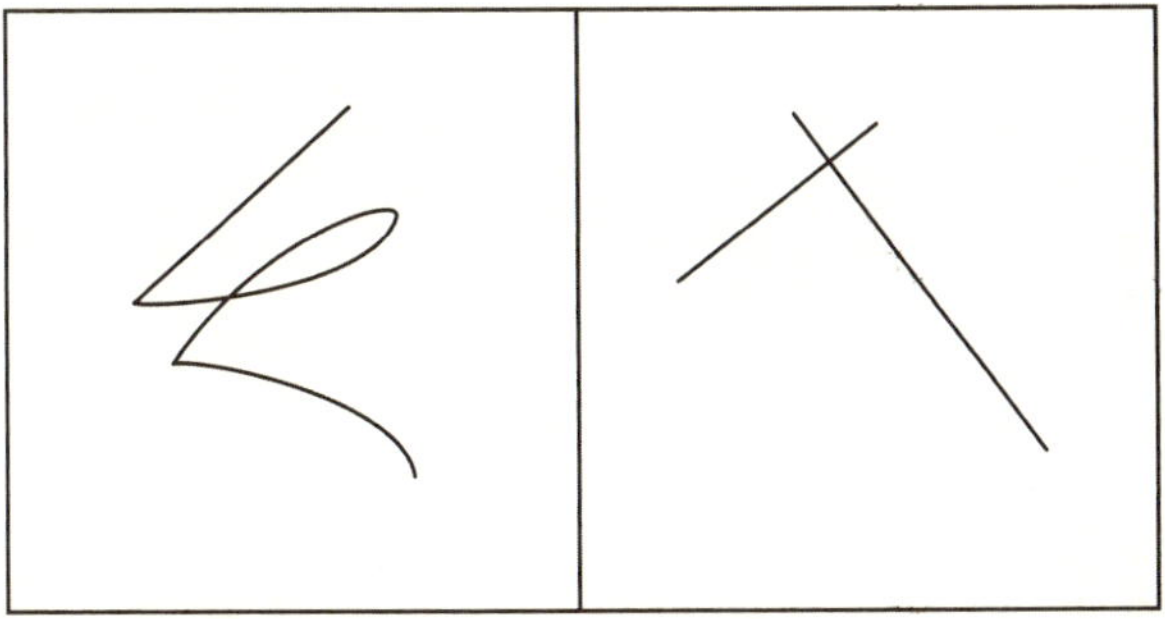

自由に線を引くときの難しさはどこにあるのだろう

てしまった線を別様に見る力が視点の切り替えであり、それを詳細に明示していく力が、思考の精密性である。

　創造性というとき、課題への感受性、アイデアの流暢さ、柔軟性、独創性、さらには別様に見る視点の切り替え、精密性などの能力が関与している。これらはどのような心理学的創造性の定義にも含まれる必要条件のようなものである。教育現場では、それぞれに対応する課題設定を行うことができる。ただし、トレーニングとして導入すると、どのような課題も、もっぱら思考能力に働きかけているためにすぐに飽きてしまう。授けられたトレーニング課題にどうやって解答を与えようかという思考回路を働かせるために、二、三度試みるとほとんどその時点での可能性を使いきってしまう。これでは知識が増えるだけである。そのことが見えているものだから、すぐに飽きるのである。そこで日常のなかで、もう少し経験そのものを拡張するようなエクササイズ（練習）を設定してみる。

言葉を揺すってみる

人間の感性や思考回路は、言語によって大幅に制約されている。そのため、まず言語を比喩的に活用することを考えてみよう。

一つは、紛れもなく充足した経験を、ともかく否定するのである。冬から春になってだいぶ暖かくなり、心地よい乾いた空気と緩い南風のなかで、命の息吹《いぶき》を感じ取り、少しばかり浮き浮きしてくる。そんなときあえて言葉にして、「春は嫌いだ」と言ってみる。ともかくあえて言ってみるのである。そうするとそこに奇妙な躊躇が生まれる。あるいは心にすき間が生まれる。この躊躇のなかで、なにが出てくるかをじっと待つのである。同じようにイケメン男を見つけたら、直ちに「イケメン」と言葉で形容したくなる。言葉を当てると、現実はずっと安定してしまう。そして、その言葉のほうに向けて、感情の動きもはっきりした方向をもってしまう。こうなればその後は、心の動きはワンパターンである。そこで良い男を見たら、あえて「ブ男」と心の中で小さく言ってみるのである。ただし、声に出してはいけない。なにやら奇妙な感じが残る。この奇妙な感じは、通常心の中に生じないのだから、ともかくその奇妙な感じが出るように言葉を当ててみる。

情報化が進むと情報処理が先行し、戸惑うこと、躊躇、当惑のような心の局面はずっと減ってしまう。情報にとっては余分なことだからである。情報で感情を動かすことはできるが、扇情的で見えすいた感情を誘導している場合が多い。その単純さ、明白さは、情報を伝達機能や表現機能として活用することから生じている。ところが躊躇、戸惑い、当惑のような心の働きは、伝達機能や表現機能のなかにはない。また、そうした奇妙さは、機会に応じて断続的に感じ続けていないと消えてなくなってしまう。感情は、使わないと消えてしまう。怒ること、怒鳴ることを控えて、まあまあと他人や事態を理解することばかりに努めていると、感情は消えてなくなってしまう。特に40歳以上になると、ことあるごとに努力して感情を動かすようにしていないと、感情が消えてなくなってしまうのである。あえて感情的にならなければならない時期がある。**現在、用いている感情の種類を数え上げてみてほしい。**おそらくかなり少ない感情の種類で日常を送っていると思われる。場合によってはおかしさと性的興奮だけだったりする。そうすると面白さの感覚が、とても平板なものになる。だからこそ、余分な遠回りのようでも、あえて否定を用いるのである。

ひそひそと物を見ることはできるだろうか

否定は、感情の抑制や声の大きさの抑制のような場面で出現しており、雛鳥でも親以外のものが巣に近づいてきたことを察知すると、途端にひそひそと声を落として鳴き始める。身体動作、呼吸、発声、感情のような働きには、抑制の仕組みがあり、その延長上で否定性が生じてきたと思われる。そのため、ワンパターンだと感じられる動作や感情の動きには、まずそれを言葉で否定してみるのである。ちなみに物を知覚するさい、ひそひそ声で話すように、ひそひそと物を見ることはできるだろうか。眼前の物体を見ながら、ひそひそと見てほしい。ほとんどの人はできないと思われる。知覚は感覚的直観であり、直観は直接対象に届いてしまう働きであるため、抑制がかからないのである。逆に直観は抑制がかからないために、世界を直接知る場面で活用されてきた。直観はギリシアからルネサンス初期まで、人間の知の中心の位置を占めていた。無限なもの（神、宇宙）まで、直観で捉えようとしていたのである。それに比べると近代は、論証の時代であり、論理的、概念的論証が知の中心を占める。一方、近代において直観を全面的に活用しようとしたのが、現象学[*2]である。そのため、現象学は、通常言語以前の感覚・知覚世界を扱うと思われており、前述定的（言語で記述される以前の世界）とか、意味以前とか、さまざまな形容詞で呼ばれる体験世界を扱っている。実際、体験世界の解明の武器になっているのは直観である。

また、感覚そのものにも否定性はない。赤の色を見ながら、どんなに赤ではないと言い張っても、そのことによって赤が赤でないものに変わりはしない。ところが日がかげっただけでも赤の色合いは変わる。感覚には膨大な変化があるが、それは否定性を介したものではない。こうして感情と感覚は、由来も働きもまったく異なったものであることがわかる。

ネコ渡りの向こうにハゲが見える

言葉の活用法は、まだまだある。例えば眼前に隣の家があり、ブロック塀があり、庭木があり、電柱があり、家の中にはトイレがあり、玄関にはボールが転がっている。家やブロック塀や庭木や電柱やトイレやボールには、いったい誰がそうした名前を付けたのだろう。誰にも思い出せないはずである。音の組み合わせである語が言葉になった途端、言葉は自らの起源を消してしまう。システムの本性上、システムが出現した途端、その起源が消えてしまう。言語のシステムも、それがまさに言語になった途端、起源が消えてしまうのである。だがいずれにしろ言葉は、誰であるかはわからないが、誰かがつくったのである。誰しも言葉は自明なものとして、受け取る以外にはなく、気がついたときには、既に受け取ってしまっている。

そこで物に異なる言葉を貼り付けてみる。家を洞窟と呼び、ブロック塀をネコ渡りと呼び、庭木をエゾと呼び、電柱をハゲと呼び、トイレをハコと呼び、ボールをまりと呼んでみる。実にたわいもない言葉の置き換えだが、これでもずいぶんと生活の彩《いろど》りは変わる。

生活のなかに、通常の日常言語以上に似つかわしく、イメージ喚起力のある自分だけの語を一つだけでもつくってみる。例えばトイレに行くことは、ハコするであり、トイレから出ることは、ハコ出るであり、誰かが既にトイレを占拠している場合は、ハコ詰まりであり、トイレ付き車両は、ハコ場であり、便通の具合はハコ調であり、八分目の固さですべて出きれば、ハコ快調であり、それがうまくいかなければ、ハコもたれである。およそこんな調子で、一つだけでもよいので、日常語のなかに自分だけの言葉を導入してみる。その言葉は応用可能性があり、次々と類縁語が発明でき、また、他の人にそれを使わなくともよいが、なんとなくわかるような語を一つ導入してみるのである。

自分だけの語をもつことは、詩人の一歩手前であり、言葉に自分固有の活用法を見つける

ことである。だが、これは言語新作の一歩手前でもある。言語新作は、統合失調症患者にしばしば見られるが、多くの場合「言葉のサラダ」と呼ばれる意味不明な言語の確信に満ちた氾濫となる。こうした言葉のサラダを避けるには、名詞の発明はできるだけ避けること、一つの文の中の新作言語は一つにとどめること、そして、なによりも名詞を動詞的に活用することである。動詞は数が少なく、英語での日常は、Have, Make, Take があればほとんど足りてしまう。そこで名詞から動詞形に転用し、動作や動きのイメージを細かくしていくのである。

まだ誰も言葉を貼り付けたことがないイメージ

ここからさらに先に進むと、純粋にイメージの世界になる。まだ誰も言葉を貼り付けたことがないような言葉をつくってみるのである。最初はヘタでもよい。ヘタであることは別に恥ずべきことではなく、恥ずかしいからやらないほうがむしろ「心ベタ」である。気恥ずかしいなら、小さな自分だけのノートをつくって、書きとどめておく。ある年齢以降、この小さなノートは必須になる。記憶年齢は個人差が大きく一概には決められないが、50歳前後からは、なにかいいことを考えたり、なにかを思いついても、ほうっておくと忘れてしまう。思い起こそうとしても、簡単には思い浮かべられない。思いついたら会話中であっても書き記す習慣をつけるようにしないと、ほとんど忘れてしまうのである。

歴史は、一定の長さと、一定の隔たりを必要とする。ある隔たりがなければ歴史とは言わ

天命が反転したら、この公園のなにが反転するのだろう？（養老天命反転地（岐阜県養老郡養老町））

ない。そこで「一秒の歴史」という語を、無理やりひねり出してみる。アーティストの荒川修作さんが[*3]、NHKの「課外授業——ようこそ先輩」という番組に出たことがある。母校の小学校を訪れ、後輩の小学生たちに対し、自分のやってきたこと、現在の自分について語り、彼らと半時間程度の時間を過ごすのである。愛知県出身の荒川さんは、母校の小学生を、隣接する岐阜県の養老公園に呼び、そこで課外授業を行うことになった。この養老公園の前面に、彼の「天命反転地」がつくられている。

その場所で、「意識の外在」、「生命の外在」というような、とても小学生にはわからない難しい話をしていたようである。訳はわからなくとも、ともかく小学生たちもこうした言葉に耳を傾けた。ところが、このとき呼ばれた小学生たちは、実は荒川さんの母校の後輩ではなかった。どうやら隣町の小学生だったようである。要するにただの記憶違いである。長期間外国に出てしまえば、出身小学校ぐらい忘れても別段不思議なことではない。小学校も再編され、母校がなくなってしまっている場合も多くある。しかし、メディアの人たちがそのことをネタに騒いだため、荒川さんは例によって一歩も引かず、反撃に出ていろいろと訳のわからないことを言った。「過去がそれとして確定する」とはどういうことなのか、という問いを基調として議論していたように思う。本来こんな大袈裟な話ではなく、ただ記憶があやふやなだけだった。

そのとき持ち出した言葉の一つが、「一秒の歴史」である。この語はそれ自体がメタファーになっており、さまざまなイメージを喚起する。頑固で容易には譲らないこと、時に応じてそれまで考えていたこと、やってきたことをすべて捨ててもよいという覚悟があるという二つの特質が、この語の裾野には含まれている。この二つの特質は、ある年齢以降も創造性を発揮し続けるためには、欠くことができないものである。

「光の裏側」、「重力の内側」をイメージしてみる

夜、電灯の明かりのほうを見てみる。電灯に照らされた周辺は明るいが、電灯の裏側は当然暗い。明るい光を見ながら、「光の裏側」という言葉を発してみよう。見えている明るさは、光の表側かもしれない。そうすると「光の裏側」というのも十分な現実感をもつ語である。つまり個々人の経験を、イメージを用いて拡張している。見るということに伴う、見えないものの領域、明るさが成立していることの裏側、世界が見えるということの裏側を指している。

また、身体にはいつも重力が貫いている。重力は感じられるだけであり、直接見えはしない。だが、どのような身体の動作にも重力はつきまとっている。そのとき「重力の内側」という語を発してみる。ともかく言葉を発してみるのである。このとき言葉の意味ではなく、この言葉が指示する内実がなんであるかを感じとるようにしてみる。物事には裏表、内外のような基本的な区分があり、それを重力に当てはめてみる。これが言語の分析である。言語の分析でも相当のところまでいける。上下という区分は、地球の重力に依存しており、地球のちょうど反対側では上下が逆転している。そもそも地球はどっちが上なのだろう。してみると上下という語は、地球全体だけからみても不正確な語である。不正確な語は、より正確な語に置き換えることができる。実は上下は、内外の派生語だったのである。しかし、言語の意味的な分析をいくら行っても、言語のなかの話である。それを超えて、ともかく「重力の内側」という語をつくったら、この語に対してどういう経験をすれば経験したことになるのかを試行錯誤してみるのである。これは語のイメージを活用して、経験の幅を拡張するやり方である。少なくとも重力に細かな注意が向くようになり、身体の一つ一つの動きを注視するようになる。

メタファーの大半は、物事の理解をさらに際立ったものにするために活用されている。「人生は一直線の下り坂である」、「議論は戦争である」、「食事は対話である」等のメタファーは、物事のある局面を際立たせ、理解を拡張していく。「白山は、本日閉鎖されている」、「赤頭巾ちゃんは、今日もマッチを売っている」というような文に含まれる白山（私の勤める東洋大学の所在地）や赤頭巾（女の子の特徴的な一部分）は、特徴を際立たせる働きをしており、前者が概念の階層性に基づく「提喩」、後者が部分−全体関係に基づく「換喩」である[*4]。

だが、それらとは異なり、光の裏側、重力の内側というような語は、経験を拡張するために、経験のなかにまだない領域へと向かって、言語的なイメージを活用している。つまりあえてつくられた語であり、隠喩でも換喩でもない。いまだ経験のなかにないものを、語の設定によって、すなわち語からイメージを喚起することで「経験を動かす」のである。経験を動かすさいに、言葉はとても貴重な手がかりである。それに劣らずイメージも大きな手がかりである。**言葉やイメージを手がかりに経験を動かすのであって、それがなんであるかを知ろうとしているのではない。**知ることではなく、経験を動かし、経験の可能性を広げていくほうがより重要である。

「このカレーは尖《とが》っている」

言語を活用することとは別に、感覚を活用してみる。感覚のなかには、よくわからないものが圧倒的に多く、どの程度の可能性の広がりがあるのかも自明ではない。まず三角形をいろいろ描いておく。正三角形、直角三角形、ひしゃげた三角形、尖りのっぽの三角形、底辺だけやたらに長い三角形のようにさまざまなものを描いておく。さてカレーライスの味は、どれに近いのかという問いを発してみる。あるいはサラダの味はどれに近いのかを問うてみる。味が三角形のかたちと直接つながるはずはないが、にもかかわらずどの三角形と似つかわしいかという問いに変換すると、おおむね解答は決まってくる。味とかたちは、本来共通の座標軸をもたないが、似つかわしさにはおおよそ妥当な解答がある。こうしたことのヴァリエーションはいくらでも設定することができる。丸、三角形、四角形、五角形、六角形と味や匂いを対比してもよい。本来、感覚質は、比較的安定した独立領域となっている。

一般に質（感覚質）とは、アリストテレスによれば、他の質との関係で部分‐全体関係に入らないもののことである。質と質の間には、共通の座標軸を設定することができない。例えば色とかたちの間には共通の座標軸はない。ところが共通の座標軸がないにもかかわらず、異なる質の間にはさまざまな連動が形成されている。こうした連動には、強い連動、弱い連動のように「強さの度合い」がある。こうした連動の強さは、一般に「強度」と呼ばれる。

10万人に1人の頻度だといわれる「共感覚者」[*5]たちは、**生得的に異なる感覚質が密接につながっている。**そうした人たちが、カレーライスを食べて、「このカレーは尖っている」と語ったら、友人たちはヘタなたとえだとしか思わないだろう。ところが当人にとっては、これはたとえではない。直接そうとしか感じられないのである。しかも、最初のうちは、皆直接そう感じているはずだと思って疑わないのである。感覚には訂正するための対照項（見比べる相手・対象）がない。どのようなものであれ、感覚を訂正するほどの強い経験はないからである。つまり、当人にとっては、現実の感覚・知覚と幻覚とを区別するための手がかりがない。

一般に第一次感覚野の間には、さまざまなルートで連動が形成され、そうした連動を脳神経科学では「投射」と呼んでいる。[*6] 特定の（感覚質の間の）連動が生得的に、あるいは擬似生得的に強く働いてしまっている場合は、共感覚となる。そこで、感覚質の間のつなぎ方を少し揺すってみる。個体の発達の途上で、感覚質の間の投射は形成されており、しかも、相当早い段階で形成されている。そのなかで生存に直結せず、確定していない感覚質の間の関係がかなりあるはずである。そこを活用するのである。

ちなみに私は、言語の起源にこの共感覚が働いていたと予想している。言語が、鳥や高等霊長類やネアンデルタール人の歌の延長上に形成されたのではないかという研究は、かなりの数出されている。ゴリラがデュエットで歌を歌うこともよく知られている。事実、ゴリラの使う単語を20個程度分節し、それをまねればゴリラ語でやり取りできるらしい。しかし歌うことの延長上では直ちに頭打ちになり、記述機能をもつ言語までは到達しないようだ。感覚・知覚された物と音のまとまりとの間は質的に異なっているのである。

質的につながりのないものをつないでいく試みに、はるか昔に誰かが踏み込んでしまったのだろう。おそらく当初は、そこに共感覚者が関与していたと思われる。画家のカンディンスキーは、色に音が対応していたらしく、色を聴くという「色聴」という語を発明している。こうした共感覚者のなかに、感覚・知覚された物の特徴（例えば色やかたち）と、音のまとまりがおのずと対応する人がいる。とすれば、当初他の多くの人が実行できないことを、なんとなくわかる仕方で実行してしまう人が出現したことになる。他の多くの人は、それをなぜそうするのか理解できないままま ねることができる。このとき有効なまねを実行でき、物と音声のつながりを新たにつくり出していく者は、すべて詩人である。おそらく言語の起源には、複数の回路が関与しており、現在の言語に含まれる機能（言語学者のソシュールによれば、伝達、喚起、表出、述定の四機能）とは異なる働きから出現してきたと予想される。それらは言語がシステムになった途端、すべて消えてしまう。

棒を振り回して長さを知覚する

共感覚のような働きをもち出すのには十分な理由がある。例えば心理学の一領域に、「アフォーダンス」というものがある。ジェームズ・ギブソン[*7]の開始した心理学の手法で、いろいろと活用法がある。基本的には、感覚運動野の規則性を見いだしている。ギブソンの一番弟子とみなしてよいマイケル・ターヴェイは、棒を振り回しながら棒の長さを直接知覚してしまうことを、多数の実験を行って見いだした。棒の重さや棒を回す速度とは独立に、棒の長さを知覚できるのである。まず、棒を振り回しながら、振り回すのに一番都合のよい位置を探して手の位置を移動させる。これは行為として実行できることであり、棒の長さを細かく特定（知覚）する必要はない。手の位置をずらしながら、振り回すのに一番都合のよい位置を探しだすだけである。

そこから棒を振り回すことを通じて棒の長さを直接知覚する場合には、手に感じとっている抵抗感の度合いを、空間的な長さに転換する働きが前提になる。つまり、体性感覚での抵抗感の度合いを空間的な性質に転換できるような、感覚モダリティ（視覚、聴覚、嗅覚、味覚、触覚、体性感覚など）の間の転換関係が前提になってくるのである。どのような知覚であれ、感覚モダリティの間の転換関係が形成されていなければ、実行できない。こうした能力は、生後赤ん坊がいろいろと動き回るさいにおのずと形成されてくる。物を持ち上げるさいに、抵抗感からその物の重さに転換でき、物を押す行為からも物の重さに転換できる。行為できるということのなかで、感覚モダリティの間の転換関係が形成される。こうした膨大な裾野の下で形成されてきたのが、物の直接知覚である。

ターヴェイは、手の抵抗感を物の長さの知覚につないでいくための定式化を10年かけてやっている。それほどの年数をかけて行うほどのテーマだったのか、それともわずか10年でよくそこまで明らかにできたということなのか、その評価はまだ決められない。だがこの棒の長さの知覚は、人間の発達で見るかぎり、膨大な感覚野とその延長上の連合野[*8]の形成の末端で成立している。直接知覚といわれているものは、感覚モダリティの転換関係が形成されていなければ成立しない。

一般に認知は、それ単独では機能しない。生存の上で、認知は当初より運動性の働きと連動している。熱いものに触れれば、直ちに手を引くのであり、脊椎レベルで感覚と運動は連動している。さらに、**感覚運動野の形成は、すべての知覚の条件である**。イタリア人の脳神経科学者が見いだしたミラーニューロン[*9]（鏡ニューロン）がひとしきり話題になったことがある。自分の身体を動かさなくても他者の運動を見ることでミラーニューロンが作動し、見ることで運動が学習されるということで注目されたのである。ただ、他人の動きを見ているだけでは、やはりミラーニューロンは容易には作動しない。身体の動きに対して介分な意味付けを行い、思考を介して動きを知ろうとしたり、集中できていない場合には、他人の動きを見てもミラーニューロンは作動しないようである。相撲の土俵際の攻防で、見ているだけで手や足に力が入ったり、力を抜いたりしている。このときには見ているだけで、内的運動感覚[*10]（キネステーゼ）に違いが出る。おそらくこの身体内感領域の運動がなければ、たとえミラーニューロンが作動したとしても、他人の運動の感覚・知覚から運動を修得することはないのである。

人間の場合、動物とは異なり一生の間に行動パターンがずいぶんと変わる。最初4本足で、後に2本足、最後に3本足のものは何か、という問いは、ギリシア悲劇のなかでスフィンクスがオイディプス王に投げかける謎であるが、ことほどさように、ごく単純な歩行でも動作パターンに変化が出る。ということは感覚運動野にも感覚モダリティの間の転換関係にも、まだ開発余力があるということである。その部分を活用するために、先に見たような異なる感覚質の間の対応関係[*11]を試みてみるのである。例えばドレミファソラシの音に、色を付けてみてほしい。あるいはアイウエオの母音に図形を対応させてみてほしい。

触れる－触れられるの違い

身体の感覚を再度細かくしてみることも、経験の拡張に有効である。右手を握り、握りこぶしの右手を覆うように左手でつかんでみる。右手も左手もそれぞれ力をこめて前方方向に進めようとする。均衡して静止した状態ができる。このとき右手で感じ取っているもの、左手で感じ取っているものを、最大限細かく書きとめてみる。できるだけ詳細に書いておく。

身体の感覚や触覚的感覚は、一挙に物事が見えてくるようには働かない。視覚は、少々不明であってもわかるようになれば一挙にわかる。夕暮れ時に柳の下に口裂け女が見えたり、意味不明の記号が突然まとまりをもって見えてきたりする。視覚は、一挙になにもかもわかるという特質をもつ。

だが、触覚の場合、一挙にわかるというあり方をしていない。少しずつしかわかってこないのである。そこでまずわかったことを書きとめてみる。そして、しばらく時間をおき、また試みてみる。場合によっては、1週間、1ヵ月あけて再度試みてみる。最初に試みたさいには、信じられないほどごくわずかなことしかみえていなかったことがすぐにわかるはずである。

身体感覚は、通常細分化の方向にどんどん進むわけではない。それは不注意だからではない。身体の感覚は、不要であるものをおのずと「無視」するようにできている。そうでなければ手の自然な動きは生まれない。足の裏の感覚をいちいち細かく感じとっていたのでは、歩くこともできない。不要なものは無視して感覚せず、意識をそこに向けないようにしている。そうしたものに注意を向けてみるのである。そうするとなにかが見えるようになって、そこからさらに細かく別のものが見えるようになる。以下これの繰り返しである。見えないものが見えてくるときには、少しずつ見えるようになってくるというのが基本である。こうした発見の仕方は、現象学の創始者フッサール[12]の著作には、いたるところに表れていて、彼は見えないものを執拗に見えるようにしてきたのである。つまり、毎日発見したのである。それが現象学という学問の基本的性格を決めている。十分時間があるなら、春先に一度書きとめ、そして、数ヵ月後の初夏の頃にもう一度同じことをやってみればよい。そうすると最初の段階でどれほど多くのものを見落としていたかが身をもってわかるだろう。

一例として、分析例を示してみよう。

一方の手が他方の手を握るとき、一方の手には、(a)前方への運動感、(b)運動感への気づき[13]、(c)手が自分以外の物に触れている境界の感覚、(d)手の先でなにかを触っているという触覚、(e)触っている物の温かさ、ゴツゴツした形状の感触を取り出すことができる。他方、触られている手は、(a)押されている運動感、(b)押されていることに抵抗している運動感、(c)これらの運動感への気づき、(d)抵抗の境界の接点で何かに押されているという感触。

少なくともこれだけの運動感、運動感への気づき、触覚的認知を取り出すことができ、触れる側と触れられる側とでは、当然のことながら非対称になっている。そして、これらの両側では機械的反転が利かないのである。その理由は、触れる、触れられる双方で生じる運動感の内実に違いがあることと、それと同時に触覚的感知のモード（様式）に違いが生じることである。これ以外にもさまざまなものが取り出せると思う。ぜひ試みてほしい。

身体と呼吸の幅を広げる

次に、動作と呼吸を組み合わせてみる。世界的なダンサーかつディレクターで、かつプロフェッサーを兼ねている勅使川原三郎さん[*14]のダンス・エクササイズに組み込まれているやり方であり、作業用のデスクに腰かけたままで、あるいは新幹線の座席に座ったままでできるのが特徴である。利き腕の手を開きながら、どこまでも息を吐く。吐けるだけ吐き終えると、今度は吸えるだけ息を吸いながら手を閉じていく。呼吸も目一杯吐けるだけ吐き、吸えるだけ吸うのが基本であり、手を開くさいも開けるだけ開き、閉じられるだけ閉じる。普段日常生活では、呼吸も動作も、目一杯のところは活用していない。つまり経験の幅を小さく切り取るように使っている。そして、それに慣れきっているのである。そのため、この課題は短時間で実行できるので、試みに目一杯のところまで活用してみよう。息を吐くプロセスは時間をかけて少しずつやらないと、場合によっては貧血が起こることがある。

ともかくこうして身体の活用と呼吸の活用を組み合わせて、通常使っていない身体の幅に触れるようにする。そうすると力を抜くことや、少し力をこめることが、広い振れ幅のなかで実行できるようになる。とりわけ力を抜くことがとても大切で、そのときイメージが比較的出現しやすくなる。ちなみに**息を吐ききったときの状態**と、**息を吸いきったときの状態をイメージしてみよう**。その身体状態を記述するのではなく、そのとき感じ取っている身体の状態、活動の状態を感じとると同時に、なんらかのイメージと結びつけるのである。吐ききった状態を感じながら、地下室の扉が開くことをイメージしたり、吸いきった活動状態を感じながら、抜けるような青空をイメージしたりするのである。活動にイメージを結びつけることで、そのときの経験をそれとして確保するのである。

類似した身体の調教に、あぐらを組んでの呼吸法がある。長くゆっくりと息を吐き、呼吸数をどんどん減らす。1分間に二、三度まで減らすことができるようになる。吐くときに少しずつ長く吐くのである。そうすると呼吸の動きにつれて、内分泌系の働きもわずかなりとも変化し、さらに続けていくと、感覚とりわけ聴覚が異様に敏感になる。しばしば数キロメートル先のお寺の鐘の音も聞こえるようになる。ゆっくりと呼吸しながら、意識の速度を遅くし、やがて意識の動きが止まるような場面まで速度を遅くしてみる。すると意識がそれとしてあることとの境界がくっきりと見えてくる。

コツと才能の分かれ目

誰しも一定期間仕事をしていればある種のコツのようなものをもっているはずだ。事務作業のコツはすぐに身につく。最短距離で作業が進むように、おのずと手順が決まってきて、どこで力を抜き、どこだけは気を入れてやらなければならないかがおのずと決まってくる。それ以外に当人しかできないような技をもっている人がいる。職人も治療者も研究者も制作者も編集者も、一定水準で作業を続けられる人は、どこかコツのようなものをもっている。そして、場合によっては、他の誰にも実行できないような特異なコツをもっている人もいる。長らくアメリカのＦＲＢ（連邦準備制度理事会）の議長を務めたアラン・グリーンスパンは、金利の上げ下げを行うさいに、本人固有の指標をもっていた節がある。3ヵ月ごとの経済報告のようなマクロ指標ではなく、どこか小さな部分的指標でマクロ経済全体の先々を予測するのに有効な個人的な指標を見つけていた可能性が高い。そうでなければ10年以上にわたる好景気の維持はできない。もちろん、それがなんであるかを本人が語ることは絶対にないと思われる。それを明らかにしてしまえば、その指標の動きを見て投機筋が動くので、マーケットの攪乱要因となり、直ちに指標としては使えなくなる。こうした指標を見いだすことは、名人芸的なコツである。

治療者やセラピストにも個人的なコツを持ち合わせている人は多い。コツをもった人からは、それを自分で使うかどうかは別にして、コツを盗むのが得策である。なにかを会得した人に応分の敬意を払いつつ、盗ませてもらうのである。そこには独特の経験の仕方が含まれていることが少なくない。だが問題もある。一つのコツを身につけ、それを自分の才能だと勘違いしている人がたくさんいるからである。コツは特技だが、才能は展開する働きである。コツはその人を離れては成立しないことが多く、たとえまねることができても、ただの一芸のレベルにとどまることが多い。他者に敬意を表してコツを盗んだら、それを自ら再現性をもって一般化できるかどうかではなく、展開可能で、別様にも活用できるかどうかがポイントになる。

＊1　動物が、自ら動きながら知覚で移動する物を捉えようとする場合には、捉えたとたんに物のほうも移

動している。そのため物を捉えることは、一種の行為の手がかりになっており、物に対する知覚それ自体が予期である。予期は動くことのできるものに本来備わった働きである。これに対して、ミサイルの軌道を読み、5秒後の位置を推定するような場合が、予測である。ロボットの予測も仕組みは同じである。

＊2　エドムント・フッサールが創始した学問的解明の手法で、キータームの約7割はフッサールがつくり出した。「直接現れているこの現象」という探究の場の設定が奥の深いものだったために、現在なおさまざまな探究の方法が開発されている。「現れ」は、意識がそれとして成立することとほぼ同義である。眼前の「現れ」を前にして、どこまでが世界で、どこまでが意識かを問うと、はっきりとは区別できない。そうした体験レベルの事象を問うていくと、なにかが見えてきてしばらくたつと、また、別のなにかが見えてくるというように深さの度合いが変わっていく学問である。

＊3　かつてニューヨークに在住していたアーティストで、武蔵野美術大学に一時入学するが、そこには自分のキャパシティを受容する余地がないと判断し、直ちに退学する。当初、ダダイストを自称し、まだ日本にドルが蓄積されていない戦後の復興期に渡米した。物理学、生物学、哲学、文学などの広範な領域での深い知識を備える一方、また、フィールド調査能力も抜群で、面白そうな人を見つければすぐに出かけていき、インタビューを繰り返した。ニューヨーク郊外に広大な土地を入手し、認知科学的な実験を自分自身を実験材料にして行った。それらの成果のごく一部だけが、三鷹の「天命反転住宅」で実現されている。

＊4　提喩と換喩は言語学者によって指摘された比喩の二つのモードで、ともに隠喩（メタファー）とは区別される。20世紀の構造主義者は、一般に提喩を換喩の一種とみなし、提喩は実質的に消滅した。提喩（シネクドケー）の典型例は、白波で海を表し、白帆で船を表すようなものである。換喩（メトニミー）の典型例である「赤頭巾」の場合のように、部分で全体を表しているように見えるが、白波のない海もあり、白帆をもたない船もある。全体が個体となって部分‐全体が決まる場合は、すべて換喩で扱うことが

できるが、「世界」、「神」のような個体とならないものや、変化し続ける全体のようなものは、換喩とは異なるモードであり、比喩の由来も異なると考えられる。

＊5　異なる感覚質の間に、生得的もしくは発達初期からつながりがある人たちで、最近の調査では、人口の4〜5％がこうした特質を備えていることが報告されている。この頻度だとそれほど珍しい事例ではなく、相当数の共感覚者がいることになる。ただし、この数値には、後天的に獲得された共感覚者も含まれており、その原因としては幼少期の連想的イメージ、イメージ記憶がかかわっていると考えられている。

＊6　感覚器からの刺激がコラム状（規則的配列）の神経ネットワークに投射される最初の領域で、生理学的にはかなり大きな変換プロセスがあると考えられる。第一次視覚野や第一次体性感覚野の配置図は、相当詳細に解明されている。

＊7　アメリカの心理学者。刺激‐反応に基づく実験観察に対抗して、知覚‐行動レベルでの規則性を取り出そうとした。下等動物にも共有されるような視覚の分析を行い、「光学的流動」を定式化した。長い壁伝いに横目で壁を見ながら早足で歩くと、壁が流れるように過ぎ去っていくが、この過ぎ去り方の度合いは運動の速度調整に関与している。これらの働きは、おそらく最初の感覚と運動とのつながりをつくる「感覚運動野」に含まれる規則性だと思われる。ここからギブソンは、知覚‐行動レベルに含まれる規則性を全面的に取り出すような心理学を構想し、そこから物の情報のなかに「行為機会を提供するような環境情報」があることを認め、それを「アフォーダンス」と名付けた。

＊8　明瞭な機能的局在を示す部位以外の広範な領域で、場所によって、前頭連合野、頭頂・側頭・後頭連合野、辺縁連合野に大別される。例えば前頭連合野では、意志や意欲を司ると考えられている。一般に感覚情報の高度な統合、感覚間の連合、感覚と運動の総合、言語機能等の座と考えられている。

＊9　サルの前頭前野で見つかったニューロンで、サルがなにかをつかむ動作をするときだけではなく、自分以外のサルやヒトが同じような動作をするときにも働いている。そのため自分の動作を介さなくても、

他の個体の運動を見ることによっても動作の学習ができるのではないかと考えられた。ただし、その場合には、運動野とのなんらかの連動がなければならない。

＊10　手をグルグル回しているときには、動いている手が見えているだけではなく、動いている手そのものになんらかの運動を感じとっている。身体が内的に感じとっているこの運動の感じがキネステーゼである。静止している場合でも、いままさに動こうとしている場面では、移動感はなくても運動感は感じとっている。こうした静止状態の運動感はゼロのキネステーゼと呼ばれ、運動の可能性を支えている。

＊11　フランスの詩人アルチュール・ランボーは、「言葉の錬金術」という散文詩のなかで、母音と色を関連付け、「Aは黒、Eは白、Iは赤、Oは青、Uは緑」と述べているが、日本語の語感とはかなり異なる印象を受ける。日本語では、どうなるだろうか。

＊12　ドイツの哲学者で、現象学の創始者。創始者の名にふさわしく、誰も踏み出さなかった経験領域に敢然と踏み出していき、持続的な探究プログラムを設定した。最初期には『論理学研究』から開始し、60歳前に現象学という新たな探究領域を開発した。方法を仮設してそこから踏み出していくというより、自らなにかを既に実行できてしまった人であり、そこで実行できたことを言語的に定式化しようとすると、当然ながら実行したことと言語的に定式化したことがずれるという事態が起きた。そこで際限なく詳細な記述を続けるという執拗な探究が最晩年まで続くことになり、また、それについての解釈や改良も延々と続いている。

＊13　「気づき」については「練習問題9」で詳しく触れる。

＊14　古典バレエを学んだ後、独自の身体表現の探求に入り込み、1日10時間という途方もないトレーニングを積みながら、身体表現の可能性を探り当て、新たなダンスをつくり上げた。世界各国の賞を毎年のように受賞し、確固たる評価を得ている。私は、彼がまだ若くて評価も定まらない頃からその舞台に接しており、ほとんどの作品を見ている。演出家としての才能は抜群で、作品の組み立ては細かく精確に計算さ

れている。幼い頃、雪の上で板を滑らせ、夕暮れ時に氷となった雪が街灯に反射してテカテカに輝いている場面や、大きな画用紙に太い黒鉛筆で線を引き続け、真っ黒の紙が重くなった場面に、素直に感動したという話を聞くとき、無尽蔵の才能が感じられる。

練習問題2　浦島太郎の玉手箱の秘密——物語イメージの活用

浦島伝説をめぐる謎

良い物語には謎がある。謎があるものは、妙な感じを残しながらも語り継がれる。どんなに教育的配慮に満ちた物語であってもただの説教や訓示では、いかに立派な内容をもとうとも、やがて語り継がれることもなくなり消えていく。そうだとすると残存する物語には、どこか教訓や人生訓以上のものが含まれていると思われる。ここでは物語をめぐるエクササイズを行おう。言語的に考えることができる分だけ、入りやすいテーマである。

浦島太郎は、助けたカメに連れられて竜宮城に行き、この上ない極楽の日々を送る。この物語は、日本各地の民話のなかで語られていて、さまざまなヴァリエーションがある。『日本書紀』、『丹後国風土記』、『万葉集』に記載されており、一般に広まっているのは『御伽草子』の記述による。ここでは浦島は、玉手箱の煙で鶴になり、助けたカメとともに鶴亀となって万年の長寿を生きる話になっている。これを小説家の太宰治が読み替えて、浦島を俗世間の風流人だとし、世の批評を煩わしく思っている男の話にした。批評のない本当の風流の世界はないものかという希望が、男にはある。これを実現しているのが竜宮城である。竜宮城に着くと長い廊下がある。その廊下を歩くと足がヌメヌメする。よく見るとその廊下は、びっしりと並んだ魚でできている。魚はさぞ痛いのだろうと浦島がカメに言うと、水の中では体重がほとんどないも同然なので、そんな心配はいらないとカメは答える。およそ俗世の風流とは異質な経験をして、浦島は故郷に帰って来る。

こうした物語には、いくつもの謎が含まれている。そこでまず問いを立てることから始めよう。ともかく最初はなんでもよいので、問いを立ててみるのである。浦島は長時間海に潜ることはできないはずであり、スキューバもなくどうして海のなかにいられたのか、というような問いでもよい。ただ問いは、立てた途端に終わっているようなものほど、経験にとっての価値は低い。人間が海のなかに潜ったままでいられるのは、フィクションだからだ。これで終わりである。立てた途端に終わっている問いは、本当は問いではない。この延長上で、浦島は実は人魚で、地上では仮の姿で暮らしていたのだ、浦島自身は人間になる手前のエラ呼吸もできる動物だったのだ、といった設定をすることもできる。しかし、これらはフィクションにフィクションを重ね描いているだけである。

しかも、どうみても取って付けたような作り話である。それは特定の事柄だけの説明にしかなっていないからである。こういう理由付けを、「アドホックな仮説」もしくは「その場しのぎの仮説」という。説明がどんどん細っていく場合には深追いはしない。これは問いを立てるさいの基本である。説明が細るさいには、問いの設定が狭過ぎたからだとあっさりとその問いを脇に置くほうがよい。実は狭い問いに拘泥してしまって、どうにも前に進めなくなってしまう人はとても多い。まじめな分だけ簡単には自分の問いをあっさり放棄することができず、そのことを他者から説明されても、容易には理解できない。

開けてはいけないお土産とは?

そこで浦島伝説を再度考え直してみる。この伝説の童話や絵物語になっている骨格は、助けるという善行は、やがて報われるという物語である。だが、善行を行えば報われるというタイプの道徳を込めたお話としては、どうも剰余が大き過ぎる。カメを助けたお礼に、楽しい日々を送ったまではよい。しかし、楽しい日々もいずれは終わり、元の生活に戻らなければならない。楽しい日々は、やがて終わるから楽しいのである。楽しい日々を送って、期限がくれば見送りを受け、この上ない一生の思い出を抱きながら、それでも思いを断ち切って日常に帰っていく。仮にそうであれば、ごくありふれた場面である。だがこの物語のややこしいところは、帰り際に「開けてはいけないお土産」を渡されることである。開けてはいけないお土産とはなんなのか。**これは簡単には終わりそうにない問いである。**

通常お土産に、開けてはいけないものを渡したりはしない。バレンタインデーに開けてはいけないとただし書きを付けて、チョコレートを渡したりするだろうか。仮に本気で開けてはいけないお土産を渡していたのだとすると、どこかでこの行為には恨みや悪意がこもっている。普通に考えれば、浦島太郎は、竜宮城の生活でなにか恨みを買うようなことをしていたことになる。独りだけ身勝手に極楽の日々を送り、独りだけルンルン気分に浸っていたか、あるいはカメを助けたことぐらいで、気分よく毎日を送り過ぎて警告を発せられたかの、いずれかである。

この場合、楽しかったのは浦島だけで、竜宮城のスタッフは途中からは内心「早く帰れ」

と思っていたことになる。もうそろそろ帰らないかと思っているのに、それに気づかないでずるずる居座るものだから、最後には開けてはいけないお土産をもらうに至ったというのが実情だったのか。だが、この説明は、情況を特殊にし過ぎている。特殊であること自体は、必ずしもダメだというわけではないが、特殊になってしまう理由が、事柄が小さ過ぎることによる場合には、その物語を通じて聞き手、読み手に届くものが少なくなり過ぎる。

開けてはいけないと言われて箱や包みを渡されれば、やがて開けることを見込んで渡している。ここでの選択肢は二つである。乙姫は、やがて開けることを見込んで渡していた、あるいはやがて開けてしまってもやむをえないというのが一つの選択肢である。実際には、このた、ある選択肢に沿って、浦島太郎は開けてはいけないお土産を開けてしまう。もう一つの選択肢は、開けてはいけないと本気で思っており、そこに十分な理由がある場合である。

第一の選択肢は、ごく普通に見られる人間の本性や業のようなものである。開けてはいけないと言われれば、まず開けてしまう。人間にとっての開けてはいけない箱の典型が「パンドラの箱」と呼ばれるものである。ギリシア神話によれば、プロメテウスが天上の火を盗んで、人間にそれを与えた。そのことに怒ったゼウスが、復讐のために絶世の美女パンドラを創り、やがてパンドラはプロメテウスの弟であるエピメテウスと結ばれる。そのときパンドラはすべての禍《わざわい》を閉じ込めた箱を持参して地上に降りてきたのである。そして、好奇心からパンドラはこの箱を開けてしまい、すべての禍が飛び散ってしまう。パンドラは急いで蓋をしたので、ただ一つのものが箱のなかに残った。それが「希望」である。これが後世になると物語の作り変えが進み、箱のなかにはいっさいの良い物あるいは善い物が入っていたが、箱を開けたためにそれらが雲散霧消し、箱のなかにはささやかな「希望」だけが残ったというようになる。このとき希望の意味合いが変化していることに注意を向けよう。

善意の老化防止装置だった

これほど大がかりな箱ではないが、浦島太郎が開けた玉手箱からも煙が立ち昇り、その煙を浴びると髪も髭《ひげ》も真っ白になってしまう。一挙に年老いて老境に入ってしまうのである。箱が善意で送られたものなら、この極端な老化を押しとどめるための工夫が玉手箱だったことになる。老化はあるとき突然に一挙に進む。成人は1年1年歳を取るのではない。10年、15年とまったく歳を取らない。しばらくの間は、いつまでも若々しさを維持しているのが普通である。生体システムは自己維持のための補償機構を何重にも備えており、そのため少々の加齢では歳は取らない。ところが小さな病気や体調不良をきっかけにして、システムそのものの自己維持の仕組みが変わってしまうと、一挙に不連続に老いてしまう。この不連続な老いを先送りする装置が、玉手箱だったことになる。

だがもう少しうがった見方をしてみよう。もっと記憶に働きかけるような仕組みを考えてみる。楽しい日々、生涯における黄金時代というものは、多くの人にある。誰にとっても人生で最も楽しかった日々はある。ところがその黄金時代を、後の人生のなかで機会があるごとに振り返り、「あの時は楽しかった」という追憶の言葉を繰り返しがちになる。あまりにも楽しい時期があれば、多くの場合、その追憶のなかで、後の人生を送ってしまう。これはごくありふれたことである。イタリアのヴェネツィアに行ったことのある人は、飲めばヴェネツィアと口にし、かつて演劇をやっていて普通のサラリーマンになった人は、事あるごとに一度きりの「主演」を語りたがるというのは、ごく普通のことである。いずれも過去に生きているのである。

ついつい過去に生きてしまうほどの思い出をもつ人は、リスタートやリセットのためのなんらかの区切りを必要とする。誰であれ、過去をすべて捨て去ることはできない。だが、**リスタートするためには、カッコに入れてしまわなければならない過去がある。**比類なく楽しかった日々もそうである。玉手箱は、過去をカッコ入れするための善意の道具立てだったと考えることができる。だが多くの場合、再出発は実行されず、ひとたびしまい込んだ洋服を取り出すように、その箱を開けてしまうのである。これは最もオーソドックスな解釈のように思える。竜宮城が楽しければ楽しいほど、本来そこでの日々をカッコ入れしなければならない。だが、人間の本性上それを開けてしまうのである。そして、そのことを百も承知で、乙姫は開けてはいけないお土産を渡すのである。過去をカッコに入れるための装置、それが玉手箱だったことになる。

竜宮城は真に上質な楽しみを提供したのか

最近、さらにこの物語の解釈を変えてみた。封印しなければならないほどの過去の楽しさであれば、竜宮城の楽しさは本当は質の低い楽しさだったのではないかという思いがあるのである。あの楽しかった日々は、やはりどこか偽装されたもの、偽りのものではなかったのかと思えてくる。日常の余り部分としての余暇ではなく、本当に楽しい日々であれば、楽しさのなかになにかを発見するものである。ただ楽しいというのは、偽りの楽しさにすぎないのかもしれない。そのため玉手箱のような封印が必要なのである。そうだとするとあの玉手箱の意義は、偽りの楽しさの代償である。しかし、実感できる楽しさがまちがいなくあるのであれば、少なくともそれは錯覚や思い過ごしのようなものではないのだろう。楽しさは紛れもない事実だったのであり、楽しさの質に問題があったのだと考えてみるのである。つまり、竜宮城は、質の高い楽しさをまだ提供できていないのである。太宰が竜宮城で真の風流を楽しんだと考えたのとは正反対に、この楽しさはいまだ本物ではないと考えてみるのである。

そこで竜宮城という設定や、竜宮城という環境そのものに問題があったと考えるのは自然である。つまり竜宮城は、おそらく欠陥住宅、もしくは偽装建築なのである。住宅はただ楽しいだけではいけない。自分の可能性が拡張できるように設定されていなければ、ただの一時的な休養のためのリゾートである。だがリゾート施設にも工夫がいる。温泉場の近くには、ほとんどと言ってよいほど、ゲームセンターとパチンコ屋がある。しかものぞき見ると結構繁盛している。わざわざ温泉に出かけて行ってそこでもパチンコなのかとも思う。湯治場近辺に賭場が設けられていたのは歴史的事実で、それがパチンコに代わっただけだと思えばそれほど不自然ではないが、工夫の余地は大きいだろう。

玉手箱の謎は、そう複雑なものではないが、にもかかわらず深さのある問いを誘導するところがある。この深さは発見されるものであって、それに応じて自分自身の課題を見いだすことができるようになっている。それが深さの意味でもある。見いだしてしまった問いによって自分の経験の仕方がいくぶんかでも変化すれば、それは良い発見を行ったのである。

「掟《おきて》の門」とはいったいなんなのか

「掟の門」とは、チェコの作家フランツ・カフカの作品のなかの要の部分で用いられて有名になった話であり、およそ以下のような物語である。

田舎町で百姓をして晩年を迎えた農夫が、一生の思い出にと一念発起して、かの有名な掟の門のなかに入ってみたいと思って、財産を整理して出かけてきた。門の前に立つと、門番がいる。事情を話して門のなかに入れてくれるように頼み込む。すると門番は、いまは中に入れることはできないので帰れと言う。一生の思い出にと田舎から出てきているのだから、帰れと言われてすんなり帰るわけにもいかない。そこで門の前で一夜を明かし、翌日また門番のところへ行き、なかに入れてくれと頼み込む。しかし、またもやいまは入れることができないので帰れと言われる。こんなことを繰り返しているうちに農夫は体力を消耗し、ほとんど死ぬ間際まできてしまう。その様子をうかがっていた門番がやって来る。農夫は最後の力を振り絞って、聞いてみる。「この門のなかに入ると、いったいなにがあるのか」、「この門のなかに入ると、また次の門があるだけだ」、「ではずいぶん長い間この門の前で門のなかに入ろうと待っているが、他に誰一人として門のなかに入ろうとする者がやって来ないのは何故か」、「これはお前のためだけの門だからだ」。

これだけの小話である。ところが含みが大きいために、機会があれば誰であれ一度は論じてみたくなるような話である。そのため、実際多くの人が論じることになった。この物語そのものが既に謎として提示されている。だからこれ以上に物語の設定を考える必要はないが、この設定の下でいったいこの物語にどう対応すればよいのかを想定してみるのである。この物語は難題である。得体の知れない巨大な宿命のようなものの末端の一部だけが、ここで語られているようにもみえる。あるいは、どうにも決着のつきようのない人生の残酷さのようなものが含まれているようにもみえる。物語へのどんな解釈であれ、物語そのものの迫力に拮抗できそうにないという予感がある。

この「掟の門」が含まれるカフカの小説『審判』では、主人公のヨーゼフ・Kは、ある日目覚めると逮捕されている、という設定で開始される。しかも、逮捕されていながら拘束がなく、勤め先の銀行に行くのは自由である。逮捕されたという記号のような事実だけが変化しただけで、他になに一つ変わったところのない逮捕である。ヨーゼフ・Kはこれは不当逮捕だと決意し、この不当逮捕には断固戦わなければならないと覚悟する。実際の日常生活では、なにも起きていないに等しい。だが、彼は起きていないことに断固戦うという決意をするのである。これ以降ヨーゼフ・Kは、現実の社会との接点を一つまた一つと失っていく。

銀行の上司の指示で、ある日得意先の人と会うように命じられ、銀行を出て行くさい、いま出て行けばもう二度と戻れる場所はない、と密《ひそ》かにヨーゼフ・Kは感じとっている。そして、実際そうなるのである。呼び出された場所に行ってみると、得意先の相手はおらず、僧侶が待ち構えている。この僧侶の話の内容が、この「掟の門」である。その話を聞かされて、ヨーゼフ・Kは以前にもまして理屈にもならない反論をする。

ジャック・デリダの解釈は魅力的だろうか

この作品についてのジャック・デリダ[*1]の解釈がある。かつて来日中のデリダが東京日仏学院で行った講演記録である。いつものようにデリダはそれとして安定し、実体化した事柄をターゲットに選び、それを揺さぶろうとしている。掟とはなにか。物語とはなにか。文学とはなにか。こうした問いを発しながら、いつものようにまさにそれらが成立する場所で自らを裏切るような議論を組み立てる。論理的な組み立てはかなり単純で、例えば掟の代表である「父殺しの禁止」でなぞってみる。仮に父を殺したとしても、父はまさに殺されることによって伝説となり、ない父となって父であり続ける。その意味で父殺しは不可能であり、この不可能性を指標するものこそが掟である。その意味で掟は禁止を実行できないのであり、この不可能性によって掟は掟でありうる。ここでは少し極端にデリダの物まねをやってみたが、おおむねこんな調子で、論じる対象によってはまったく内容がなくなってしまうことがよくある。一般に知が出現し、成立する場所で、その出現の背理を知の側から突きつけるやり方である。

そのためデリダの議論は、しばしばなくても済むようなものになるが、にもかかわらず小さなところに小さな異論を申し立てる名人なのである。実際、父殺しは、結果として父そのものの伝説を導くことはある。だが父殺しは、ほとんどの場合一挙になにもかも局面を変え、非可逆的な事態を出現させる。非可逆的な局面の転換は、予期を封じる。その後、なにが起きるかの予期を困難にするのである。しかし、デリダの議論は、この予期の不可能な場面に、こっそりと予期（知）をもち込んで言いくるめるような議論の組み立てなのである。

そこでまず現実感を広げておきたい。ここでもまず経験をさらに一歩踏み出させるために、問いを立てることから始める。**この農夫に最後の力が残っているとして、最後に一言だけ言えるとすれば**、なにを言うか、という問いを立ててみる。この問いは、含みの多い物語に対して、さらに物語を展開する方向でも、物語を収拾する方向でも接木《つぎき》できるように設定してある。物語は個々の局面の転換で選択肢を含み、一歩踏み出したときには、もう元に戻れないようになっている。選択肢の幅は広くどんなことでも言えそうだが、物語の懐《ふところ》の深さに対応するほどのことが言えなければ、一笑に付されてしまうことになる。つまり、ただ言ってみただけのものから、事態の真相に届きそうなものまで広く分かれてくる。ぜひここでは自分なりに考えてみてほしい。

門番を問いただすことに意味があるだろうか

ここで起きている状況を考え直してみる。まず門のなかに入っても、その後には次の門が待ち構えているだけという事態が起こる。それはどこまでも続くようである。そこでこの門番に、「あなたはどうして門のなかにはまた門が待ち構えていることを知っているのですか。どこまでも門が続くことをどうやって知ったのですか」と問いかけてみる。この問い自体は、相手の言い分の正当性をただすようなところがあり、ごく月並みな問いである。相手が自分にとって過酷な返事を繰り出すので、せめてそんな回答の正しさを疑問視するのである。

ところが、この問いは、門の際限のなさを知ることにかかわってしまっているために、知ることだけが前景に出てしまう。「門のなかには次の門番がいるので、その次の門番に聞いたところ、『その門番も門のなかには次の門があるだけだ』と言っていた」、「では自分で確かめたわけではないのですか」、「そうだ、際限のない門が続くのであれば最終的には、そのことを誰一人として身をもって確かめることはできない」、「するとそうでない可能性もあるのではないですか」、「そのとおり、だが別の可能性があると考えなければいけないような兆候や事実はわずかながらもない」、「別の可能性があると考えるわずかな理由さえなくても、別の可能性がないと言いきれるほどの必然性はないのではないですか」……。

このタイプの議論は、際限なく続けることができ、実際行えばひたすらとめどもないものになっていくだろう。農夫は門のなかに入ることが希望であり、目的だったはずである。ところがこの会話は、門のなかに入ることとは別のことを議論し合ってしまっており、門番の言葉の正当性をめぐって議論している。そして、本来、人間の言語や思考回路が、「知る」ことに大きな比重をおいている以上、少しでも気を抜くと、こんな筋違いの思考回路に入り込んでしまう。

門のなかに入れないのであれば、この入れない門がなんであるかをわずかなりとも知りたいはずである。門についてはなんらかの話を田舎で農作業の傍《かたわ》ら聞いてきたはずであり、そこに入れないのであれば、それがなんであるかを確かめたかったはずである。ところが門がなんであるかを知ることとは別に、門番の話の正しさを問いただそうとしている。仮にこの議論を続けたとして、議論で門番を言い負かしても、門についてはなに一つわかったことにはならない。ただ議論で相手を言い負かしただけなのである。あるいは本来の課題からそれて、議論だけが進み続ける。

人間集団の議論のなかでは、このタイプのことが実際多いのではないかと思う。学会や研究会に出てみると、実はかなりこのタイプの議論が多くなされている。しかも、秀才だという自負のある人によくみられる傾向である。立場や観点を主張して議論には勝てても、そのことによってなにかが前進したのでも、また本人が賢くなったわけでもない。賢明さと優秀さは別のことである。それ以上に経験が前に進むことと、議論に強いことはほとんど関係がない。先の議論は、いくら議論を繰り返しても本当のところは決着がつかない。ということは、その議論自体が「掟の門の構造」をもってしまっているのである。返答をすれば次の反論が待ち構えており、ひとたび議論を始めた以上、もはや引き返すこともできないのである。こうしてみると掟の門は、人間の知が意図せず遭遇するある種の罠《わな》にかかわっているようにも思える。

門番もまた悲惨なのではないか

語られた議論の内容とは別に、門番の奇妙さにも問題は残されている。農夫は、なかに入ることもできず、引き下がって田舎に帰ることもできない。最後には、「これはお前のためだけの門だからだ」とも言われる。そうだとすれば、「門番、あなたは私のための門番なのか」と問い返すこともできる。希望がかなえられず、門がなんであるかもわからないまま死にゆくこの農夫は、確かにその点だけをとれば悲惨である。しかし、この悲惨な者にただ付き合い、この悲惨で惨めな農夫のためだけに監視をしている門番も、同様に悲惨ではないのか。入ってもまた次の門があり、入らなければどこまでも入り続けようとすること以外に選択肢がないのであれば、反復する煉獄《れんごく》*2のようなものである。この煉獄のあがきに付き合わなければならないのであれば、付き合う側もまた相当に悲惨である。この門番はいったい何がしたいのか。農夫と門番は、どこが違うのか。これらの問いは、問いのまま残しておこう。**答えた途端に、答える以前よりわずかに事態が悪化するような問いがある。**そうした予感のある問いは、現実に存在する。情報処理からすれば考えられないことのように思えるかもしれないが、情報が付加された途端に事態が悪化することは現実にある。

さて、再度この物語を見直してみよう。最難関は、門の中に入っても、次に同じように門が待ち構えていることである。この事態を本気で捉えてみる。特定の修行を行っている人たちは、ひとたび修行のプロセスに入れば、ある段階まで行けば次の壁が現れてきて、さらにそこまで進んでいけばまた次の次の壁が現れてしまう。こうしたことの反復である。運動選手でも、自己記録を出した後に、数年にわたって自己記録を更新できないことは頻繁に起こる。自己記録を出した直後から、既に次の壁が始まっているのである。限界を超えれば、次の限界があるだけである。こうした体験をもつ人たちは、この寓話にそれほど奇妙なことが語られているようには思えないと思う。ただし、日常の場面で、ごく普通の一生を送ってきた人たちにとって、門のなかには次の門が、さらにその後にも次の門があるという事態は、映画のひとコマのようなものかもしれない。

京都の伏見稲荷大社の入り口近くには参道へとつながる最初の昇りの場所に、鳥居が数十並んでいる。手前から見ると、まるで入れ子型のように鳥居の列がある。視覚的にはこうしたイメージを直ちに想起することもできる。

実はいくつもの門をくぐり抜けていた

さて本題に戻ろう。門に入ろうとして農夫はやって来る。門のなかに入っても次の門が待ち構えているだけであれば、実はこれまでの一生のなかで、既に何度も門のなかに入って来てしまっていてもおかしくない。つまり、現状で既に気づかないままどれかの門のなかに入って来てしまっており、どこかの門で一生の終わりに近づいてきているだけである。こうした可能性が残されている。気づかなかっただけで、もう既にどれかの門のなかに入り込んでいるのである。門が先々際限なく続くのであれば、これまでの生涯も門の連続だったはずであり、既にどこかの門に入り込んでいるのである。そして、これは農夫の現実に近いのだろう。このとき問題になるのは、そうした門に既に入り込んでいることに、どうして農夫は気づかなかったのかという点である。

その理由は、この物語の範囲では実にあっけないところに解答がある。**これまでの門には、門番がいなかったか、門番がいたにもかかわらず、そのことにまったく注意が向かなかったのである。**死の近くまで来て、初めて気づくことのできる「門番」とは、いったいどんな門番なのだろうか。あるいはさらに問いの設定を変えてみる。日常のなかで既に門のなかに入っていることに気づいている人と、一生の終わり近くで、人生の〝修学旅行〟のようなスケジュールを組んでみて、初めて門の現実に触れる人とでは、どういう違いが生まれるのだろう。ここから先の議論は再度あまりにも多くの選択肢がある。カフカの作品のヨーゼフ・Kは、ある朝目覚めたとき、逮捕されている。このとき既にそれが門であることに気づかず、おそらくどれかの門に入っていたのである。そのことの内実に気づかず、それが不当だと言い続け、また実際に断固戦い続ける。この戦いは、誰と戦っているかさえわからない戦いであったのに。

影をなくした男

ロマン派の文学者アーデルベルト・フォン・シャミッソー[*3]に『影をなくした男』という作品がある。小銭をあくどく稼ぎまくる男が、手っ取り早い金儲けをたくらんで、旅の手品師に自分の影を売ってしまい、いくぶんかの現金を手にする話である。話の大半は、影を小銭と交換したばかりに、いろいろと苦労する男の教訓話である。外出も夕方日がかげって以降の時間帯に限定し、どうしても日中外出しなければならないときには、雇い入れた大男の召使いの影に隠れるようにして街中を歩く。それでも影をなくしたことに気づく人たちは出てくる。そうした人たちに男は、前年にシベリアを旅行したさい、あまりの寒さに影が凍ってしまい、それっきり影をなくしたとか、ヨーロッパのある町を旅行中に影に大きな物体が落ちて影が壊れてしまったので、ちょうどいま影を修理に出しているところだとか、ともかくもその場しのぎの苦し紛れの言い訳をこしらえる。影を小銭と交換したばかりに、それ以降、苦労をし続ける男の物語である。

こうした物語に接すると、影が消えてしまう場面設定をあれこれと想像してみたくなる。うまく場面が設定できれば、影がなくなることに別の内容をもたせることができる。強欲でわずかばかりの小銭と影を交換してしまうのでは、話が少し小さ過ぎる。それでいくつものコミカルな場面は設定できるものの、物語が訓話のようになってしまい、小さくなり過ぎるのである。そういう場合には、影がなくなってしまう瞬間の場面設定を変えてみる。その意味では、これは場面設定課題でもある。これもぜひ試みてほしい。

例えば真夏の昼下がりの駅のホームで、その駅に唯一停車する各駅停車の電車を待っている。建物にも人間にも、短いが黒々とくっきりした影がある。都心に向かう方向の電車を待っていると、同じ車線になぜか逆方向に疾走する一台の急行列車が、やって来て走り去る。乗客はただの一人もおらず、乗務員さえいない。反都心方向に強い風が舞って危うく身体を支えると、足元には影がなくなってしまっている。20メートルほど手前で電車を待つ人も、同じように影がなくなっている。だが建物や電線には以前と同じように、くっきりとした黒い影がある。いったい何が起きたのか。こうした影がなくなる瞬間の場面設定をやってみるのである。直接場面を描くことが重要で、ストーリーの展開はその場面が際立つように設定していけばよい。

あるいは個々の個体と影が分離してしまい、影が本体の思うようには動いてくれないような場面を思い描いてみる。これはどちらかと言えば、お笑い系の場面設定になりそうである。本体が町を足早に歩いているのに、影だけがとぼとぼと遅れて歩いていたり、町行く美人に見とれて影だけがついていってしまい、どこかへ行ってしまったというような場面設定である。場面設定では、論理的、意味的に考えるのではなく、直接具体的なイメージを思い描くようにする。中国語では、「概念思惟」に対置して、「像思惟」と呼ばれる。この像思惟の伝統は、中国の人文主義のなかに脈々と生き続けている。通常の思考訓練を積めば、誰であれ、概念的に考える方向にすぐ進んでしまう。**そこをあえてカッコ入れして、直接イメージできる場面で経験を動かしてみるのである。**

＊1　ポスト・モダンを代表するフランスの哲学者で、「脱構築」で有名になった。同一性だと思われているものは、本来差異と反復からなるものであり、同一性を示すような事象に遭遇すると、直ちに他者をからめた差異を提示することで、同一性へのアンチテーゼを立てた。始原や根源とみえるものも、既に自らを反復したものである。多領域での仕事があるが、晩年は同一性を出現させる倫理、政治、法の仕組みを解体しようとした。

＊2　天国と地獄の間のこの現実の世界を示す言葉として転用されることが多いが、もともと天国に行く手前で、死者の霊が火によって罪を消される場所として設定されていた。

＊3　もともとフランス、シャンパーニュ地方の城で生まれた貴族だが、フランス革命で貴族の称号を剝奪され、ベルギー、オランダと逃げ回った後、ベルリンで暮らすようになった。ドイツ軍に志願してナポレオン軍と戦い、捕虜になったが、やがて解放される。いわゆる大旅行家のタイプで、後にロシアの北極探検隊に参加して、3年かけてほぼ世界一周している。軍務から離れた休暇中に、約2ヵ月で『影をなくした男』を書き上げた。

練習問題3　意味の手前で……——「不連続」と「無限」

天命反転住宅を体験してみる

二〇〇五年八月中旬、荒川修作さんの設計した三鷹の「天命反転住宅」を訪れてみた。九割がたでき上がっていた。荒川さんの作品に触れるときには、なにが表現されているかを意味としてとろうとすると、ほとんどのことをとり落としてしまう。語られ表現された内容や意味ではなく、作品のなかで経験を動かすことと、動いてしまった経験を動きのさなかで感じとることが必要である。経験を動かすと、そのさなかで体験したことそれ自体が、わかることとは別の領域で脳の組織化を進める。わかるという働きは、ほとんどが大脳皮質の活動である。ところが体験は、脳幹から小脳、側頭連合野、頭頂連合野まで及ぶ幅広い組織化を進行させる。脳の検査に使われているＰＥＴやｆＭＲＩ[*1]が、美容院の乾燥帽子のように手軽に使えるようになれば、荒川さんの作品でなにが起きるかを検証することは、とても興味深いテーマになるだろう。

しばらくこの住宅で過ごし、歓談後、翌朝どんな反応が出るか、あれこれ思いめぐらしながら、いつものようにくたくたに疲れて眠った。朝目覚めると、両足首、膝の関節が痛い。ふくらはぎも筋肉痛である。そればかりではない。右肩がやけに痛いのである。普段から運動不足の人であれば、こうしたことは起こるかもしれない。だが、私は夏場は3日に一度、夕方近所の川の土手を走り込んでおり、強く筋肉を使っても通常翌朝筋肉痛はでない。おそらく筋肉を強く使うこととは別の緊張度で、筋肉を使ったのである。かつて教え子に連れられて、30代前半になって初めて岩登りをしたことがある。頂《いただき》に安全用のザイルを張り、手がかり足がかりのないところを何度か登った。20メートル程度の岩を登るトレーニングだったので、筋力はそれほど必要ないが、翌日にはひどく筋肉痛がでた。それも1週間ほど続いたのである。その間身体がどんどん軽くなっていった。三鷹の天命反転住宅には、もちろん岩はないが、岩登りと似通った効果がでるようである。

天命反転住宅の外見はすさまじい。色もかたちも、およそこの世の住宅とは思えないほど科学的な印象である。原色の配置を基本にすれば、当初鮮やか過ぎるコントラストを感じとるの配置からなる。色の基調は、赤、青、緑、黄のゲーテ*2のいう四原色と、灰色の無彩色が、それはごく短時間でなじんできて、あまりの自然さに驚くほどである。一般に、視界のなかに六色以上の色が配置されていれば、目は疲れることなくなじんでいく。母親の自転車に乗せられて住宅前を通り過ぎていく幼児が、思わずキャッキャと微笑《ほほえ》んでいる。円筒、半円（ハーフパイプ）、球、四角の組み合わせで作られた居住空間は、生き物の組み立てと同じである。まず空間を設定し、座標軸を張り出して、そこに柱と梁《はり》を通していく。これが伝統的な空間にかたちを与えるやり方である。巨大な建築物も、空間のなかにかたちを与える手法だといえる。

ところが天命反転住宅で試みられていることは、基本形態をもつユニットの継ぎ足しである。竹の節や脊椎動物の脊椎は、ユニットを次々と継ぎ足すようにしてできている。この一つのユニットをゲーテは、「原型」と呼んだ。原型の変化と原型の継ぎ足しで、すべての生命体の基本形ができているという確信が、ゲーテにはあった。建築をこの手法でつくり上げたとき、次々と新たな配置がイメージに浮かんでくる。ユニットの組み合わせで、空間そのものを形成していくのである。

天井と床の区別がつかない球の部屋

天命反転住宅の住空間の一つに、球の部屋がある。球の部屋は、どこからが天井でどこからが床なのか、区別がつかない。球の部屋で居住する者が、そのつど床と天井の区分をつくり出す以外にはない。球の部屋の入り口は、正面から見ると直線に断ち切られ、横目で見れば弧になってしまう。しかも横目の角度を変えるたびに、曲率が変わってくる。球形の部屋はカプセルに閉じ込められた状態と同じはずだが、不思議とまったく圧迫感はない。そこに2時間たたずめば、おそらく差し込む陽光の角度で、部屋の雰囲気がまったく変わっていくはずである。リビングに相当する一番広い部屋の床は、傾斜角20度程度の斜面であり、土踏まずのような小さな起伏が一面鱗《うろこ》のようにつくられている。素足で歩くと、足の裏の筋肉の微妙な動きまで感受できる。この部屋は、天井からさまざまなものがつるせるように、フックが多数設定されており、多重に活用できるようになっている。

床を歩くさいに、平面を歩く場合とは異なる足の裏の感覚が生じる。このとき自分の身体に小さな差異を感じとったら、その場でたたずんで、起きた小さな差異を再度イメージしてみる。あるいは、それを詩的に言語化してみる。だが反省をしてはいけない。変わっていく自分がなんであるかを考えてはいけないのである。考えるのではなく、感じとるのである。土踏まずを含めた足の裏の感覚は、数日後にまちがいなく神経の変化となって現れる。それは感覚運動野や小脳に出現する変化である。小脳は、例えば道路から芝生に足を踏み入れたとき、おのずと足の踏ん張り方、力の込め方を変えるような場面で働いている。これらは気がついた時には、既にどこか変わってしまっている変化であり、ここが自己の産出的形成運動（オートポイエーシス[*3]）の局面である。

それに加えて身体に感じとった差異を、その場でイメージしたり、言語化したりすることは、補足運動野や側頭連合野に働きかけている。これらは主として、自己の調整能力にかかわっており、調整能力の幅を従来とは比較にならないほど広く活用するためのエクササイズである。天命反転住宅は、二重に活用できる。あるいは天命反転は二度生じる。一方では感覚、知覚、身体を形成するような形成運動を否応ないものとし、他方ではそれぞれの経験場面で生じたことを、調整能力の拡張として活用するのである。これらは実は異なる能力領域である。

環境知覚と行為の〝蝶番《ちょうつがい》〟――ランディング

荒川さんの構想のなかで、とびきり重要なコンセプトの一つが、ランディングである。ランディングは、環境情報を知覚することが行為につながっていくさい、知覚することが同時に場所を占める行為であることによって、環境情報の知覚と行為の〝蝶番〟になっていることを示すキータームである。

この蝶番の位置から、空間が形成され、色彩やかたちが構成されたために、世界に類を見ない荒川さんのアートが出現してきた。物を見ることが同時に「ここ」という位置を占める行為であることを示す概念である。あまりにも根本的なコンセプトであるために、どこがすごいのかわからないほどである。

環境情報が身体行為につながるさいには環境情報から身体運動が導かれると考えるのが認知科学の常識である。ロボットもこうした仕組みになっている。ところが人間の知覚の場合、動きながら知覚がなされるさいには、その知覚はほとんどが予期[*4]である。しかも知覚情報が空間内の特定の身体運動につながるさいには、この身体の位置の指定を含む空間的配置を伴っているはずである。この場面をつなぐ蝶番のようなものが、ランディングなのである。

実はこうした認知行為システムの基本的な働きは、数多くある。視界が開けるとき、前方に広がる情景が見えるだけではなく、左右を区分する正中線[*5]がおのずと引かれている。これは実際に線を引くのではないが、正中線の設定はまちがいなく行われている。視界が開けるとき、その視界の3分の1が左、3分の2が右というようなことは自然状態では起こらない。顔の向きを変えたり、まなざしの位置を変えるさいにも、視界はおのずと左右のバランスが取れるように開けている。これが正中線が設定されるという意味である。こうした認知行為システムの働きを取り出す作業は、認知科学でも現象学でもまだ主題になっていない。

だが、まちがいなく働いているのである。

不連続性を飛び越えるエクササイズ

荒川修作さんの最初期の仕事の一つに、「AをBとして知覚せよ」という指示のある作品がある。これは最初から不可能なことを要求している。人間の知覚能力では、どうあがいても指示どおりに知覚することはできない。それを見込んで「知覚せよ」という指示が出されている。知覚は、感覚的直観で、まざまざと直接そう見える働きであり、解釈をしたり、操作をかけて理解することではない。直接そう見えなければ知覚とはいわない。

この課題は、概念的に別様に考えるように指示されているのではなく、むしろ、**再度発達をやり直すようにという指示である。**結構いい大人になってこんな課題をぶつけられても困るというのが正直なところである。そこでこの図の指示に従って直接知覚することはできないので、知覚に代えて近似的に他の方途を考えてみることにしよう。

まず概念的、操作的に考えてみることにしよう。そのさいにはいくつかの操作的変換をかけて、AをBへと変形していくことを考えてみる。幸いにもAは末端が閉じないで開かれている。しかも、実際には異なる二つの線が書き込まれている。閉じていない曲線であれば、直ちに直線に変換することができる。変換という操作を用いて、AをBに移行させていくためには、どこかで中間を通る。この中間さえうまくイメージできれば、近似的に課題に答えたことになる。いまAのなかの線を圧縮して右下に集め、線を押し広げて面のようにする。

AをBとして知覚せよ（荒川修作＋マドリン・ギンズ『意味のメカニズム』より）

この場合は、圧縮と場所移動だけなので、そのプロセスの中間を描けばよい。まあ大したことはできないなと思いながらも、とにかくやってみるのである。当然のことながら、AとBの中間形態は一つには決まらない。ここにエクササイズが出現している。実際に、AとBの中間形態をいくつか試みてほしい。

これではあまり芸がないので、このプロセスを擬似動画で描いてみよう。アニメーションのようなセルを10枚程度描くことで対応しよう。Aの図柄が少しずつ縮小して、右下の部分だけが最後まで残るように変化し、ちょうど5枚目あたりでAの図柄が消えて真っ白になる。そこからBの図柄が少しずつ浮かび上がってくる。セルを早回しにすると、Aが消えていって、その同じ場所からBが立ち上がってくるようになる。ここで起きている変化は、形態変化であるより、消滅、出現を行う「発生消滅」であるため、これだけの単純な操作でも新鮮な感じはあ

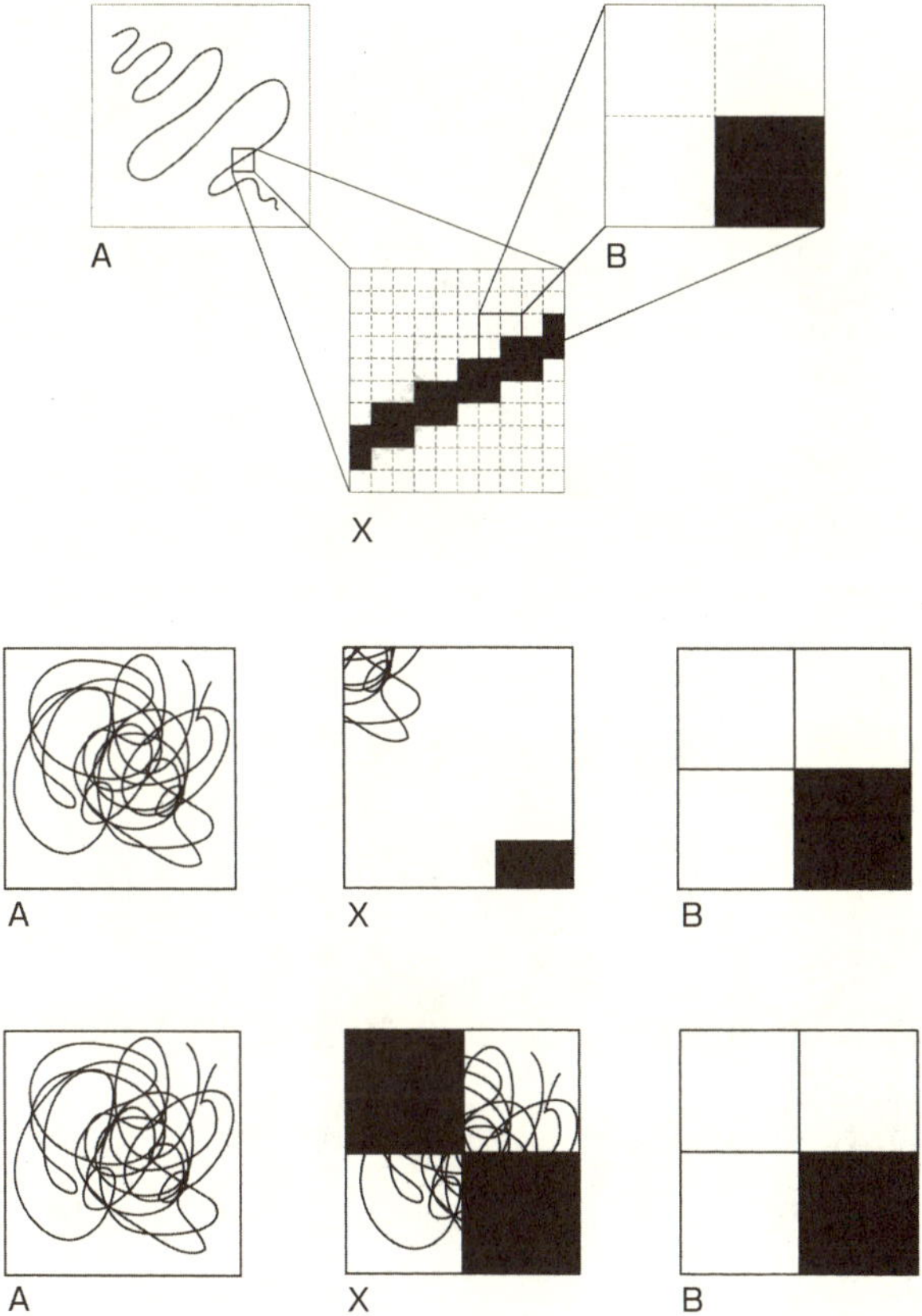

「AをBとして知覚せよ」の中間形態の例

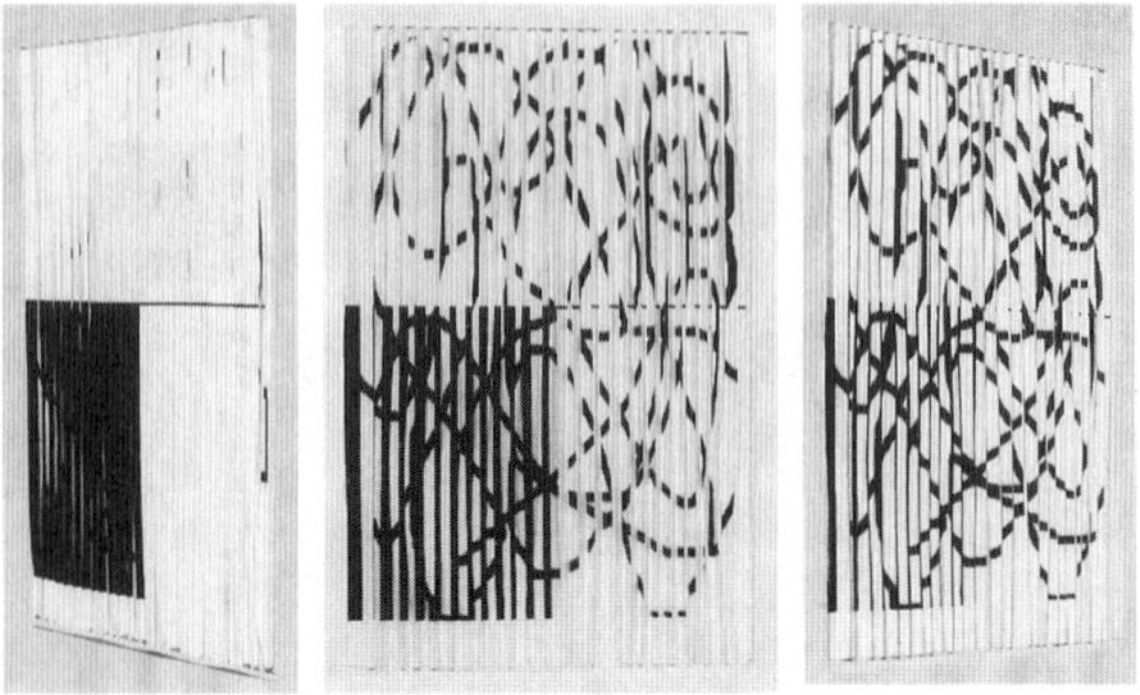

「変換」ではなく、同じものの「別の面」。角度によって異なるものが出現する

る。

視点を変えて、AとBが変換関係にあると考えるのではなく、AとBは同じものの二つの面だと考えてみよう。最も単純に考えると、二つ面をつくり、一方の面ではAが、他方の面ではBが出現するようにする。箱入りチョコレートやソフトケーキの包みの底や上面に、ギザギザの凹凸のある紙が置いてあることがある。真正面から見ると、通常の平らな面だが、少し顔を傾けて見ると、一つ一つの山形の一方の面と底面にはっきりと分かれる。例えば顔を傾けて左側を見るとAが見え、徐々に真正面に顔の位置を移動させると、なにやら意味不明な模様が出現し、右側に顔をもっていくとBが出てくるように二つの面を利用するのである。これは実に単純な発想だが、つくろうとすると手間がかかる。手がかかる割には、あっと言うほどの驚きはない。いくつかの手作業の練習だと思えばよ

い。この作業には最初から二つの面が設定されていて、独立の面になっている。それぞれの面に異なる図柄を描くだけなので、最初の面の設定段階で全作業の枠が決まってしまう。また、そこからの展開可能性がない。それが単純だと感じられる理由である。

　さらに立体で考えてみる。立方体のなかになにかの3次元物体があるとする。その物体を一つの面（正面－奥）から見ればAに見え、他の面（左－右）から見ればBに見えるように設定できれば、同じ一つのものの異なる見え姿が、AとBであることになる。仮にこれが実行できるとすると、AとBの中間を描くという課題は、立体のもう一方から見た面（上－下）で描くことができる。AとBが直接つながらないとき、次元を一つ増やして、3次元での事態が2次元に単純化されているだけだと考えるのである。**次元を一つ増やすと、実はもう一つの見え姿がある。**問題はこの3次元の物体が一つに決まるかどうかである。

無限性のイメージとはどのようなものか

類似した問題に、無限性にかかわるエクササイズがある。無限なものについては、独特のイメージが生じる。ごく簡単なエクササイズから開始しよう。高度な数学の手前で直観化できることだけを述べることにする。

　1／3＝0・33333……

分数を小数に直しているだけであり、この式は正しい。この両辺に3を掛ける。

　1＝0・99999……

両辺に3を掛けたのだから、この式も正しいはずである。しかし、1はどこまでも1であって、0・99999……ではないのではないか、という思いが浮かぶ。どうして0・99999……が1に等しいということがありうるのか。これはごく常識的な思いである。そして、この常識的な思いが通じないのが、無限の世界だといわれる。

無際限に果てのないものを、経験の延長上で確かめることはできない。どこまでも際限のないものに、一つ一つ調べるという仕方では対応できない。ただ際限なく9が続くだけである。こうした事態は、アリストテレスでは可能無限と呼ばれた。[*6] にもかかわらず無限に続くという事態は、どこかで理解できている。ここにイメージが関与している。だがどういうイメージをもっているのか。

直接知ることのできないものに対して、人間の知の対応の仕方は三種類ある。まず、経験的にわかるものとのアナロジーで理解する方法である。この場合、事例の出し方のうまさが、議論の筋の良し悪しを決める。うまい事例を出せる人は、うまく経験を拡張できる。もう一つは、手続きに翻訳することである。実際計算で書き出していけば、どこまでも9が書き足される。この手順に訴えて、手順上の意味を確定するのである。その場合、ただ際限なく9の書き加えが続くだけでおしまいである。つまり、手順に訴えて言える以上のことは言わないのである。さらに、もう一つは、イメージに訴えることである。無限のものは、総体をまるごと捉えることはできない。9が百万回だけ続くなら、9の量は決まる。しかし、際限のないものは、量ではない。量でないものを量のように捉えることはできない。だが、イメージというものは、なにかしら思い浮かべることができなければ、輪郭を結ばない。輪郭を結ばないこと自体を、デザイン化できるだろうか。

数学の計算としては、単純である。無限級数の処理を行えばよいのである。だが無限級数は、どこまでも9を続けることができるという事態を、既にどこまでも続けてしまったこととして演算処理を行っている。このとき手続きを際限なく続けることができることと、それが完備してしまったこととの間には、どのように手続きを継続しようと、すき間が残っている。このすき間があるにもかかわらず、無限なものについてどこかでわかっているところをみると、ここにはイメージ的直観が働いている。

もう一つエクササイズを行ってみよう。三角形では、2辺の和は常に他の1辺より長い。これはすべての三角形に当てはまる。ところが、いま正三角形の底辺の中点と、残りの2辺の中点を結び、半分の大きさの三角形を二つつくってみる。このとき、大きな三角形の底辺以外の2辺の和は、小さな二つの三角形の底辺以外の4辺の和に置き換えることができる（小三角形の山形の部分）。これを、小さな三角形の中でさらに繰り返していくと、小三角形の山がどんどんつぶれてくる。すると、果てしなく小さ

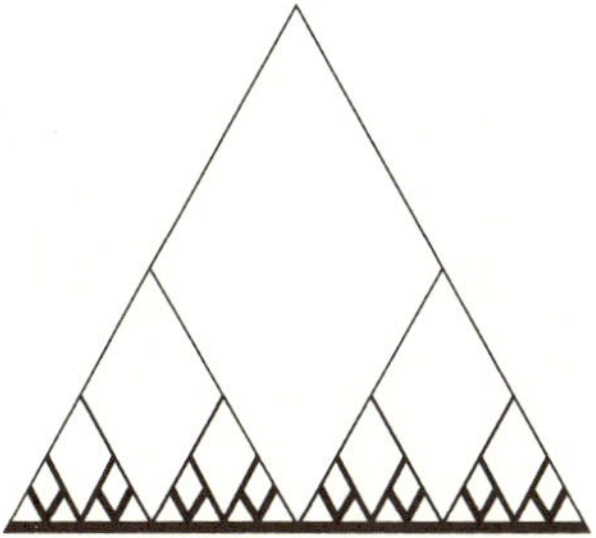

正三角形の山がつぶれると、三角形の2辺の和は残りの1辺（底辺）と等しくなってしまう

な三角形を作っていくと、元の大きな三角形の２辺の和は底辺の長さに一致してしまう。

　これは三角形の性質上ありえないことである。


見えすいた操作がなされているように見える。どんなに三角形を小さくして山がつぶれて、底辺に重なっているように見えようとも、底辺周辺では小さな起伏が残っていて、底辺には重なっていない。直ちにそう回答できる。しかし、もし起伏が残っているのであれば、さらに中点を取って半分の三角形を作り、三角形をつぶしていくことができるはずだ。そう回答することになる。以下これの繰り返しである。こうした事態を、「無際限」と呼ぶ。ヘーゲル[7]では「悪無限」と形容されている。ただ際限がないだけで、際限のない事柄総体を捉えることができないのである。

幾何学の無限

さらに幾何学で考えてみる。幾何学は、点や線や平面のように既に無限性を含んだ用語に満ちている。ユークリッドに「平行線」についての記述がある。「平行線とは、同一の平面上にあって、両方向に限りなく延長しても、いずれの方向においても互いに交わらない直線である」。これは『原論』[8]冒頭の定義23に出てくる。「点とは部分をもたないものである」（定義1）、「線とは幅のない長さである」（定義２）などのように、幾何学の思考を行うに当たって、なくて済ますことのできないものに規定を与えておくのが定義の役目である。

　平行線の定義を見ると、両方向に限りなく延長しても、いずれの方向においても交わらない直線となっている。これ自体は定義なので、問題はない。問題があるとすれば、これが唯一の定義かどうかである。仮に別の定義があり、それが他の定義と無矛盾であれば、別の幾何学の枠ができることになる。そうした議論（数学）が、19世紀に出現してきた。平行な二つの線が、どこまでも延びている。経験的に見える範囲では、まったく平行だが、実は二つの線が少しずつ接近していたとしたらどうなるのか。少しずつ接近しているなら、どんどん延ばしていけばやがては交わる。しかし、誰も交わるところは見たことがない。だが少しずつ接近すれば交わることはまちがいない。これを平行線の定義にしてはどうか。つまりすべての平行線は、いずれどこかですべて交わると定義するのである。こう定義したとき、何が変わるのか。平面の意味も変わるのか。平面の定義は、「平面とはその上にある直線について一様に横たわる面である」。この文の中で、「一様に横たわる」という部分が、とても正確で、かつ曖昧である。一様というのは、何を意味しているのか。こういうふうにしか特徴づけようがないのであれば、一様の内実に多義性が出てくる。

中国大陸を列車で移動していると、どこまでも地平線が続く。平らな地面が延々と続いているように見える。たとえそれが平らに見えようとも、十分な距離を走れば、その面は一定の曲率で湾曲している。地上で物理的に平らであるとは、地球の重力中心から等距離にある大円の上を移動していることである。地上での平らであるとは、地球の重力中心を中心とした球面の一部のことであり、直線とはその周囲の大円の部分のことである。平行に走る線路は、各局所で平行に見えたとしても、それぞれが大円の上を走っているかぎり、いずれどこかで交差してしまう。例えば北極では、すべての大円は交差している。こうした球面も一様な曲率をもつのであれば、一様に横たわっているのだから、平面の定義から外れてはいない。すると面の定義を変えないままで、平行線の定義を変えることができる。その場合、仮に光の直進性を定義しようとすれば、どこまでもまっすぐに進んだ線は、大きな大円を描いて出発点に戻ることになる。これはアインシュタインが想定した球形宇宙モデル[*9]である。平行線の定義からは、一つのイメージだけでなく、かなり多くのイメージが出現する。

点から無限大へ

いま眼前に点を置く。大きさはなく位置だけがある点である。この点が、次の瞬間、無限大の大きさになったとする。こうした事態が起きたとして、それをどのように捉えればよいのか。あるいはここで起きた事態をどのように描けばよいのか。これは、建築家のピーター・アイゼンマン[*10]たちがイメージを拡張していくために活用した練習問題である。想定されている事態は明白である。だが点そのものも、無限大そのものも、瞬間そのものも、人間の感覚・知覚では捉えることができない。そのため全面的にイメージの問題になる。無限性にかかわるこのタイプの問題は山のようにある。

この場合、点から無限大へ移行するとすると、どこかで可視的な大きさを通過するはずである。この可視的なもののかたちを描こうと考えてみる。しかし、瞬間的に点から無限大に変化するのであれば、どのようなかたちであれ猛スピードで変化しているにちがいない。しかも、見えないほどの速さで変化しているはずである。この事態を組み込んで描くのである。この場合の難題は、本当は点も無限大も瞬間も、いずれも直観ではそれとして捉えることはできないが、にもかかわらずそれらをどこかでよくわかっている、ということである。このよくわかっていると思っている場面では、既にイメージが働いている。だが点から無限大へと移行するという、発想の幅は狭過ぎるのかもしれない。点と無限大の間には、もっとさまざまな関係が成立しているのかもしれないのである。

大きな前提を置いてよければ、点と無限大は、点から無限大へ移行するような推移の関係にあるのではなく、**点と無限大が同じ一つのものの裏返された二つの見え姿だと考えてみる**。点と無限大は裏側ですべて地続きになっているとイメージしてみるのである。そのとき点を消せば自動的に無限大になり、無限大を消せば自動的に点になるような、なにやらいくつもの次元を超えた存在を考えてみる。これが具体化できればよい。こうした事態に近いものをイメージできる人がいるかもしれない。誰か一人でもイメージできる人が出現すれば、やがて他の人はそれを学ぶことができる。

点と無限を計測してみる

この問題は、点も無限大もどうして直観できないのかという場面から考えていくのが筋かもしれない。直観で捉えることのできるものは、なんらかの手順を踏めば、測ることができる。現実になにかモノサシを用いて測るのである。長さのあるもの、例えば定規で測れば、点はゼロになる。量ではないものは、量で計測すればゼロである。本当は量ではないのでゼロでさえないのだが、量のもとに配置すればゼロ以外ではない。逆に量を用いて測れば、特定の大きさの量にはならない無限なものは、量そのものを超えている。点と無限大は量の手前と量の向こうという性格をもち、量で測るという仕方の両端の一歩先にある。そこで現実に量になるものの一歩手前と一歩先をイメージしてみるのである。ただし、これを直接イメージするのは難しいかもしれない。そこでいくつか手順を踏んでみる。

長さという1次元で点を見れば、点はゼロである。長さがないからである。また長さという1次元でみれば2次元の平面は無限大である。長さの延長上に平面はどのようにしても出てこないからである。1次元の測度（目盛りの単位）から見れば、点はゼロであり、2次元は無限大である。そうすると点から無限大への移行には、何段階もの次元を飛び越えていく操作が含まれており、それぞれの次元の場面で同じタイプの問題に突き当たっていることがわかる。

そこで部分問題で考えてみよう。いま複雑で入り組んでおり、内に折れ曲がっては外に出てくるような立体を想定し、その表面積を測る問題を考えてみる。面積を測るのだから、一定の大きさの面で測る。円をつくって面積のさまざまな部分を覆っていくのである。しかし、少し複雑なかたちをしていれば、円で覆ってもなお余りの部分が残る。どんなに円をうまくとっても覆うことのできない余りの部分が残る場合がある。すると、この複雑なかたちの表面積は、２次元の面で測ることができるようなものではないことになる。表面積であるから明らかに面であり、2次元であるはずなのだが、測るという点では面の延長上にはない。あるいは面の延長上で考えたとき、特定の面に帰着できない。そこでこうした図柄は、2次元の延長上にあるように配置できない以上、通常の整数次元で配置できるものではないのかもしれない。1次元、2次元、3次元という整数次元が、本当は日常生活の延長上にあるという単純な思い込みの一つなのかもしれない。

こうして次元として見えているもののなかに、相当細かな段階があるのではないかという思いが生じる。1・4次元とか2・34次元というような次元が出てくる可能性が生じる。というのも表面積を面の足し合わせで測れないとき、この測れなさの度合いに応じて、さまざまなレベルが出てくる可能性があるからである。測れない部分は加算無限なのか、非加算無限なのかで、測れなさの度合いが変わり、2次元と3次元の間に実際にさまざまな次元が出てくるのである。カオス幾何学が展開するのは、こうした次元である。このとき一般に整数次元のなかに多くの次元が含まれているのだから、次元とはそのつど極限操作によってジャンプしなければ次の次元へと進めないような垂直の壁ではなくなってしまう。むしろ、非整数次元の連なりは、イメージとしては無理数の数列のようなものかもしれない。

＊1　陽電子放射断層撮影装置（ＰＥＴ）を用いた画像では、活動部位が黄色くなり、さらに活動が強くなると赤くなる。活動部位では血流が多く、酸素消費も多くなり、糖代謝も活発になる。また、磁気共鳴画像法（ＭＲＩ）では、原子核のもつ磁性の変化を測ることで、特定の原子核がどういう分子結合をした状

態にあるかがわかる。そこから生体分子の機能や機能変化を特定できるようにしたものがｆＭＲＩであり、有力な脳イメージング法の一つである。

＊2　ドイツの大文豪で、かつヴァイマール共和国の行政官（副知事相当）であった。共和国の財政建て直しのために鉱山を開いた。そうした作業のなかで、同時に鉱物学を手がけている。最も長期に及んだ探究が『色彩論』であり、約35年間取り組んでいる。これはニュートン光学とは異なった仕組みの探究の仕方を示しており、数十年に一度熱烈な継承者が出現している。

＊3　最終章「練習問題∞」でやや詳しく触れることになる。

＊4　「練習問題1」注＊1を参照。

＊5　動くことのできる動物では、生存と行為に直結した根本的な能力の一つで、まっすぐに歩くこと、その延長上で右もしくは左に曲がること、さらには前方から歩いて来る人に対して、どの程度進路を曲げればよいのか、といった手がかりになっている。左右に目があり、左右に耳があることによって、認知と行為の能力がともに形成される場面で正中線を引く行為が成立している。視界の真ん中を知ることの手前で、視界がほぼ左右対称に開けているときには、正中線を引く行為が既に行われている。なお、正中線をめぐっては、「練習問題9」でも論じられる。

＊6　「練習問題6」注＊3参照。

＊7　ドイツの哲学者であり、人類の歴史上最大の体系家。人間の言語の限界を言語そのものの使用法を変えることで突破してしまい、結果的に言語の使用にかかわる新たな神経回路の開発を行ってしまった人である。若い頃に読者としてヘーゲルの言語使用法を修得し、後になってヘーゲルのテキストを読むと、まるでランニングのように心地よく、日常言語にはないリズム感と運動感に浸ることができる。

＊8　ユークリッド自身は、『光学』、『音楽原論』、『天文現象論』など多くの著作を書いたが、最もよく知られているのが幾何学の『原論』である。『原論』は唐突に、定義、公準、公理から始まり、序に相当す

るような部分は書かれていないが、紛失したようだ。ユークリッド以前にこうした論証形式が確立されていたことは歴史的事実であり、証明の多くも既にユークリッド以前に行われていた。

＊9　いま目の前の視線をまっすぐに延ばし、さらにどこまでもまっすぐに延ばしていき、日本を超え出て、さらに地球を超え、銀河系も超えて、どこまでもどこまでも進んでみる。まっすぐに進めば、やがて自分の目の後ろに戻ってくる。途方もない大きな大円を描いて元に戻るのである。直線にごくわずかでも曲率が入っていれば、必然的に宇宙は光の行路から見た球形となる。

＊10　アメリカの建築家。日本では「コイズミライティングシアター／イズム」や「布谷ビル」を設計している。建築物のどこかにゆがみをもたせると、それによってゆがみは全体に伝播しながら、全体としてまとまりのある場所で均衡点に達する。この局面を起点にして設計するような建築物を組み立てた。本来不均衡であるものがなんらかの均衡となる場所が、かたちである。光を波だとすると流体になるが、局所にゆがみがくれば、特定の位置と速度をもつ粒子になる。

練習問題4　目盛りを変える、目盛りをなくす――「測度」と「強度」

感覚にも目盛りがある

私の家の近所に巨大な量販店がある。この量販店の一角に薬局がある。量販店には同じような家庭製品がおびただしく並んでいる。オレンジジュース大瓶1ダース、コカ・コーラ大瓶半ダースという調子である。だが薬局のコーナーだけは風景の肌理《きめ》（表面の様相）が一変する。色とりどりの細かな製品が並び、胃薬、眼薬、筋肉痛薬、皮膚薬、頭痛薬と窮屈であふれるほどの配置になっている。まるで舞台装置のように医薬品が並んでいる。アングルの切り取りに成功すれば、マルセル・デュシャンのレディ・メイド[*1]にさらに新たな作品を追加できるだろう。

薬局の棚は、食品や飲料水のような量販店の並びからみると、不連続な特異点になっており、そこだけ目盛りの単位が異なっている。目盛りの単位を、測度（メジャーメント）という。測度は空間的な大きさだけではなく、感覚質の目盛りの細かさに関連している。同じ大きさの歯磨き粉のチューブでも、白と緑の二色でできた製品と、七色の製品とでは、製品のにぎやかさ、同じ規模の空間を占める色の混み具合はまったく異なる。かつてドイツで暮らしていた頃、ドイツの書店に並ぶ本の装丁が、あまりにも簡素なのに当初驚いたことを覚えている。本の装丁がほとんどモノトーンで、そこにタイトルが黒字で入っているだけなのである。ドイツの本屋の書棚は、日本の量販店のような肌理である。日本に帰ってきて本屋に立ち寄ると、今度はあまりのカラフルさに、目がチカチカして長時間そこにいられないほどだった。

日常のモノサシの目盛りを変えてみる

測度は、通常生活の身の丈に合うようにおのずと形成されている。眠れない夜にヒツジを数えて、1500匹や2000匹までいってしまえば、もはや眠りにつくための測度をもつ手順ではないだろう。歩行中、次の角を曲がろうとしているとき、角までの距離を10メートルあるいは15メートルのようにメートルで概算することはあっても、1万あるいは1万5000のようにミリメートルで概算することはほとんどない。そんなことをすれば角に到達することさえ困難になり、それを概算とは言わない。同じように箸でご飯を食べるさい、何粒口に持ってきたかをそのつど考えれば、毎回際限のない食事となる。また時速60キロメートルで車を走らせているとき、道路上の小石まで見えていれば、500メートルも走ればくたくたになり、その日のドライブはそれで中止である。

実際、サミュエル・ベケット[*2]が、日常生活を異なる測度で生きてみている。ニューヨーク滞在中に街角から街角までを、家庭用モノサシを何度も繰り返し用いて計測している。間尺に合わないことを現に実行したのであり、それは計測ということとは別のことをやっているようにもみえる。ベケットのあふれるほどの際限のない言葉は、そこから出てくる。測度は生活の自然性に見合うところでおのずと形成され、それに従って生きることは無駄を省くと同時に直ちに惰性となる。身体動作だけではなく、感覚・知覚も生活の測度に適合するように、見ないもの、見えないものをおのずと区分しているはずである。これは無意識的な隠蔽や抑制とはまったく別のことである。生活の測度や身体動作の細かさに合わせておのずと形成してしまった、おのずと見ないもの、すなわち見えないものの広大な領域がある。

　測度を変えて生きるには、それまで見えていなかったものが見えてきたり、それまで見えていたものが消滅するような経験が必要である。小学生の頃多くの人がやった経験があると思うが、地図帳で地名を当てる遊びがある。ページ全体にまたがるような大きな地名を探すのは、なかなか難しい。探すことの本性で、小さく隠されているような地名が問いかけられていると思い、小さな文字ばかりを追いかけていると、横断的な大ぶりの文字はどうしても視野に入りにくくなるのである。スケール変換では、視野だけではなく視界まで変わる。

シメジ畑のうねりがどこまでも――極微の世界

　そこで次に電子顕微鏡で見えてくる世界を示してみよう。これらの世界を見て、まずどのような解釈であっても、解釈してみる。人間の解釈だから、そうとっぴなことをイメージできるわけではない。火星人といえば、タコのような生物を思い描くのが普通である。イメージは地球的規模の貧困を免れない。それでもなおイメージしてみるのである。そこで直に極微の世界を見てみよう。

　いま口から手を入れて小腸の中心あたりをつかみ、人体の内と外をひっくり返してみる。人体はドーナツのようなものだから、ドーナツの内側にも無数の襞《ひだ》と構築物がある。それを外側にひっくり返すのである。肉厚の内壁が現れる。めったに見たこともない場所であり、見慣れない物に満ちているのだから、物が見えるようになるまでに手間がかかる。さらに、それぞれの部分を拡大してみる。局所を拡大することは、「ブロブディンナグ国」を渡航中のガリヴァーになることである。[*3]ガリヴァーには、巨大なネコや巨大な皿が見えている。物の縮尺は変わっても、まだ物の全貌は見える。この場合通常の視覚の延長上で、縮尺だけを変えればよい。これが光学顕微鏡の世界である。電子顕微鏡像のように局所の拡大を極端にすると、あるところで物の全貌が見えなくなる。

例えば「胃体部の粘膜表面」（a）は、びっしりと並んだシメジのようだ。**このシメジ畑のうねりはどこまでも続いていて果ては見えない。そんなシメジ畑に迷い込んだような場面を想定する。**周囲は身の丈を越えた、湿ったシメジばかりであり、どこを見ても果てのないシメジである。それが電子顕微鏡の世界である。本当にそんなところに迷い込んだら、収拾がつかないほど不安になるはずなのだが、いっさい物の全貌が見えなければ、こうした不安さえなくなるかもしれない。肉眼でも空の全貌は見えないが、見えないのが当たり前なら、やがて慣れるはずである。こうして電子顕微鏡の世界に入っていくことができる。

内壁の世界は、植物的である。内臓は、腕や足と違い動かしたり移動したりする必要はない。植物と同様、動かないまま活動するものは、活動に必要な細かな起伏をつくり上げる。活動しながら自分をつくり上げてもいる。内壁には、森に迷い込むぐらいでは遭遇することのできない植物性が出現する。「肝小葉の血管鋳型」（b）は、**木と葉でできた樹海に見え**

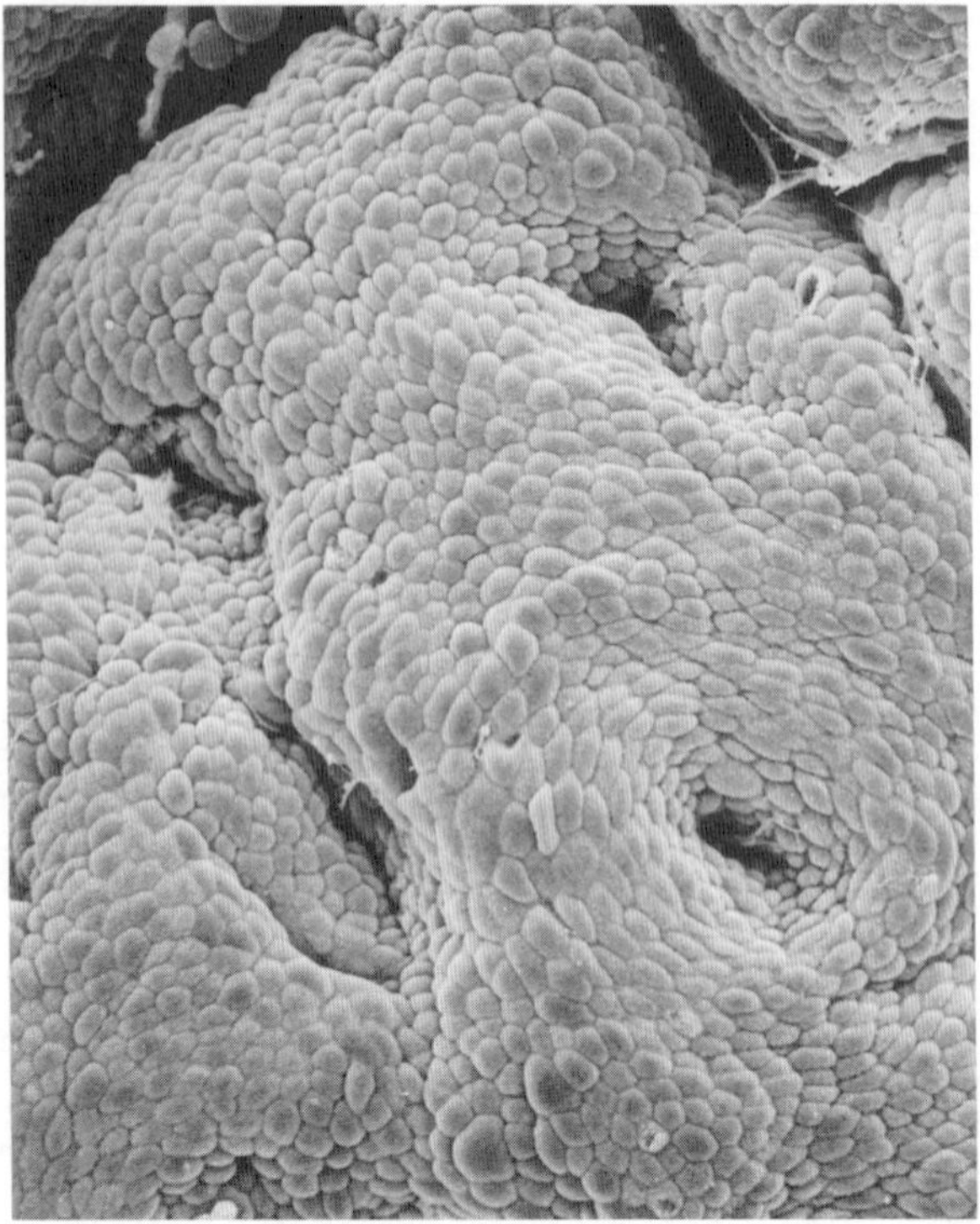

どこまでもシメジ畑が続く（a）（胃体部の粘膜表面（750倍）。出典：以下『ミクロの不思議な世界』（監修宮澤七郎・島田達生）より）

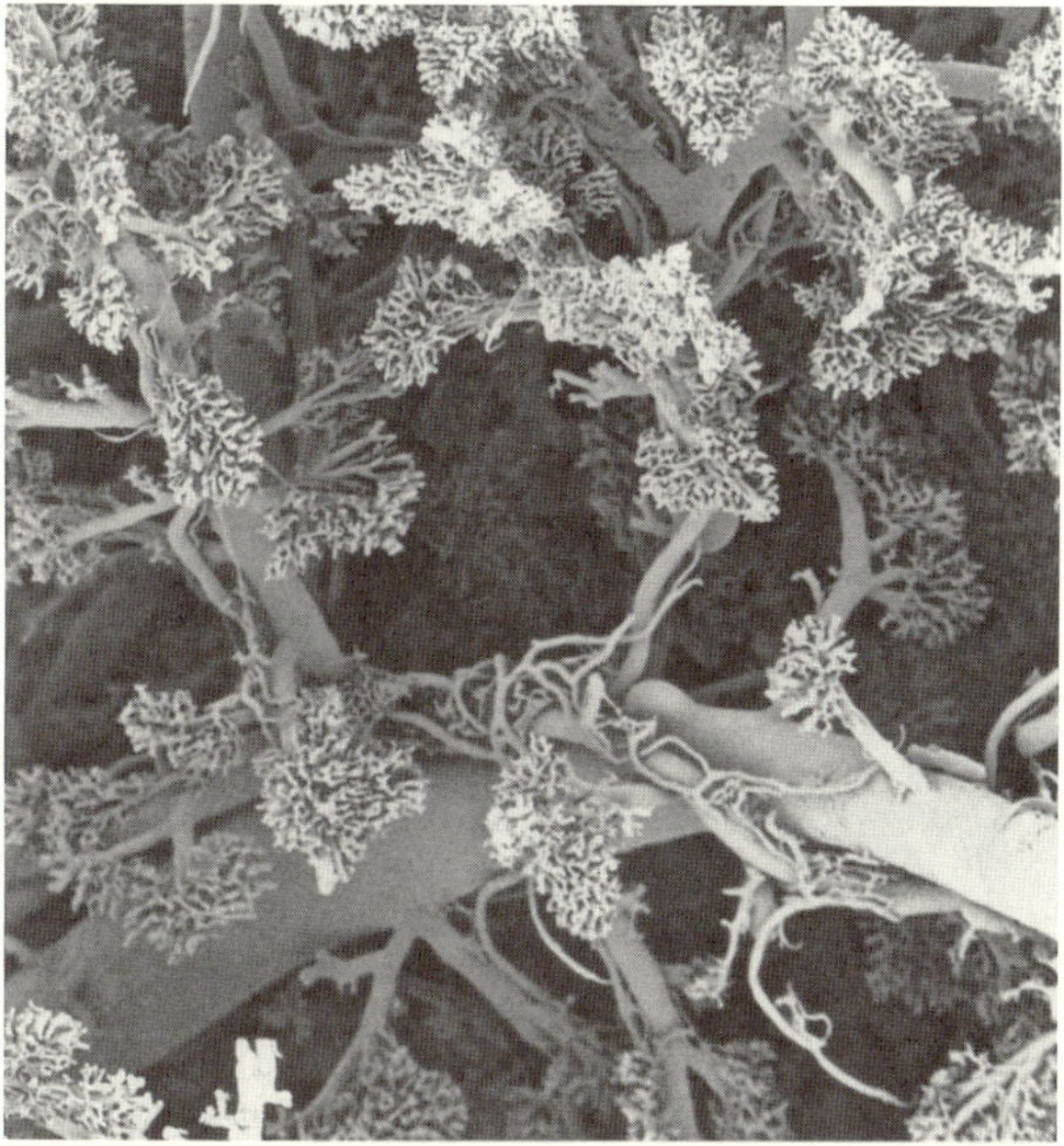

樹海が広がっていて、奥まで見通せる（b）（肝小葉の血管鋳型（70倍））

る。樹海の奥行きもくっきり写っている。ところがこれは上下を入れ替えても、横倒しにしても樹海である。内臓には上下や縦横がないのか。原則そうである。植物にとっての最大の生存条件は、酸素でも光でもなく、重力である。嫌気性の細菌で酸素を必要としないものや、海底火山からエネルギーを取っているだけで光を必要としない細菌もいるが、重力条件を消すことは難しい。そのため植物には上下があり、縦横がある。ところが内臓に上下、縦横があっては困る。直立歩行するものが横たわった途端、横倒しになった植物のようになっては、大事件である。ごろごろ寝返りを打つたびに、台風に吹き飛ばされた鉢植え植物のようになっては、安眠が妨げられるぐらいでは済まない。内臓の〝植物性〟には原則方向がない。

宇宙空間の都市国家

重力のない宇宙空間に形成された森を描こうとすると、方向の任意性を入れなければならない。生きているものであれば、単にその場にあるだけでなく、必ず方向性をもつ。それを「志向性」と呼んでいる。宇宙空間では、その方向性がまったく任意なのである。最初の方向性は、すべて偶然である。偶然と任意性から形成される構築物がある。その構築物は、いっさいの任意性のもとで開始される自己組織化[*4]の典型となる。その自己組織化のプロセスに部材の質料性[*5]とわずかの重さを与えると、一挙にかたちができてくる。宇宙空間の都市国家には、上下がないはずである。その典型例は、「クワ裏のうどんこ病菌の子のう殻」（C）でイメージすることができる。こんな都市空間は、まだアニメでも描かれていない。びっしりと張り巡らされたネットからなる都市国家。この網目状のネットは、いったい何に使われているのだろう。都市国家の道路だろうか。通信網だろうか。それともこの都市国家では人間そのものがまさにこんなかたちになるのだろうか。

植物性の形成運動は、際限なく襞を折りたたむようなものである。二本の平行な折れ曲がりを長くしては折りたたむ。さらに、長くしては折りたたむ。空間のなかに何重にも折りたたみを形成する。これはマクロには小腸で見慣れている。ところが、これでは空間のなかに小さく何本も線を描き込むことに似てきてしまう。「心筋のミトコンドリアと筋小胞体」（d）を見ると、外を取り巻く襞のなかにいくつも仕切りを作ったように見える。それは全貌を外から見ているからである。いま襞の間の空間を考えてみる。襞が折れるたびに空間が形成されると考えてみる。折れたたみのなかに入り一つ一つの表面をたどって視線を動かしていく。折れたたみの外側は、外を通過し内へと湾曲しさらに外へと出て行く。陥入しさらに外へと出て行く動きによって空間が形成される。マクロにイメージすると、手や足や顔が口から内臓へと入り込み、内臓を一周して、再度口から手や足が出てくる。それに似ている。これを繰り返して生命体が形成されると考えてみる。こうした陥入と出現の繰り返しで形成される空間が、生命の空間である。

質の違いで言えば、オスとメスの違いも驚異的である。「卵子」（e）と「精巣上体で待機している精子」（f）を見比べてみればよい。精子のほうが卵子に対して7倍ぐらいの倍率

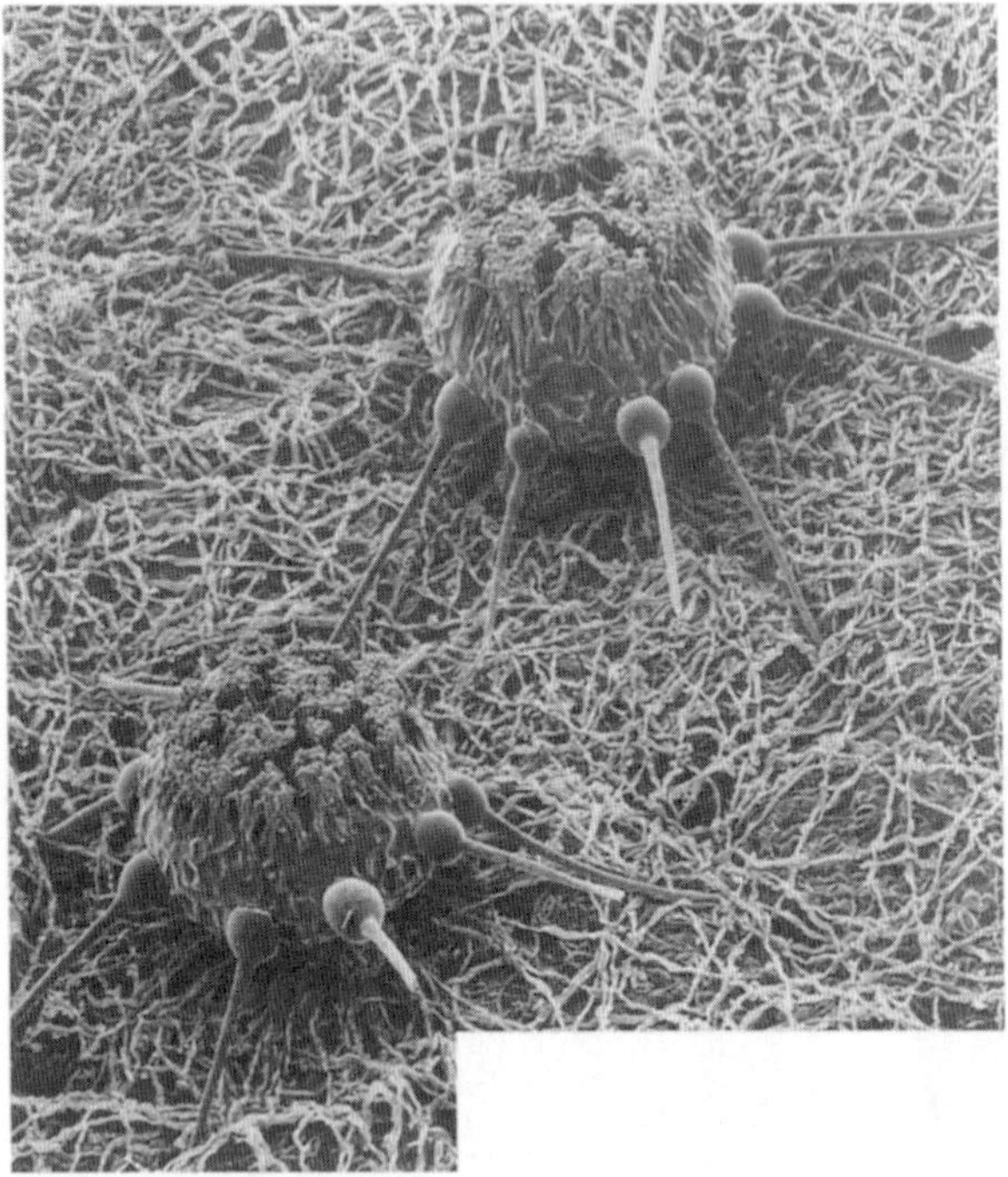

宇宙空間の都市国家（c）（クワ裏のうどんこ病菌の子のう殻（290倍））

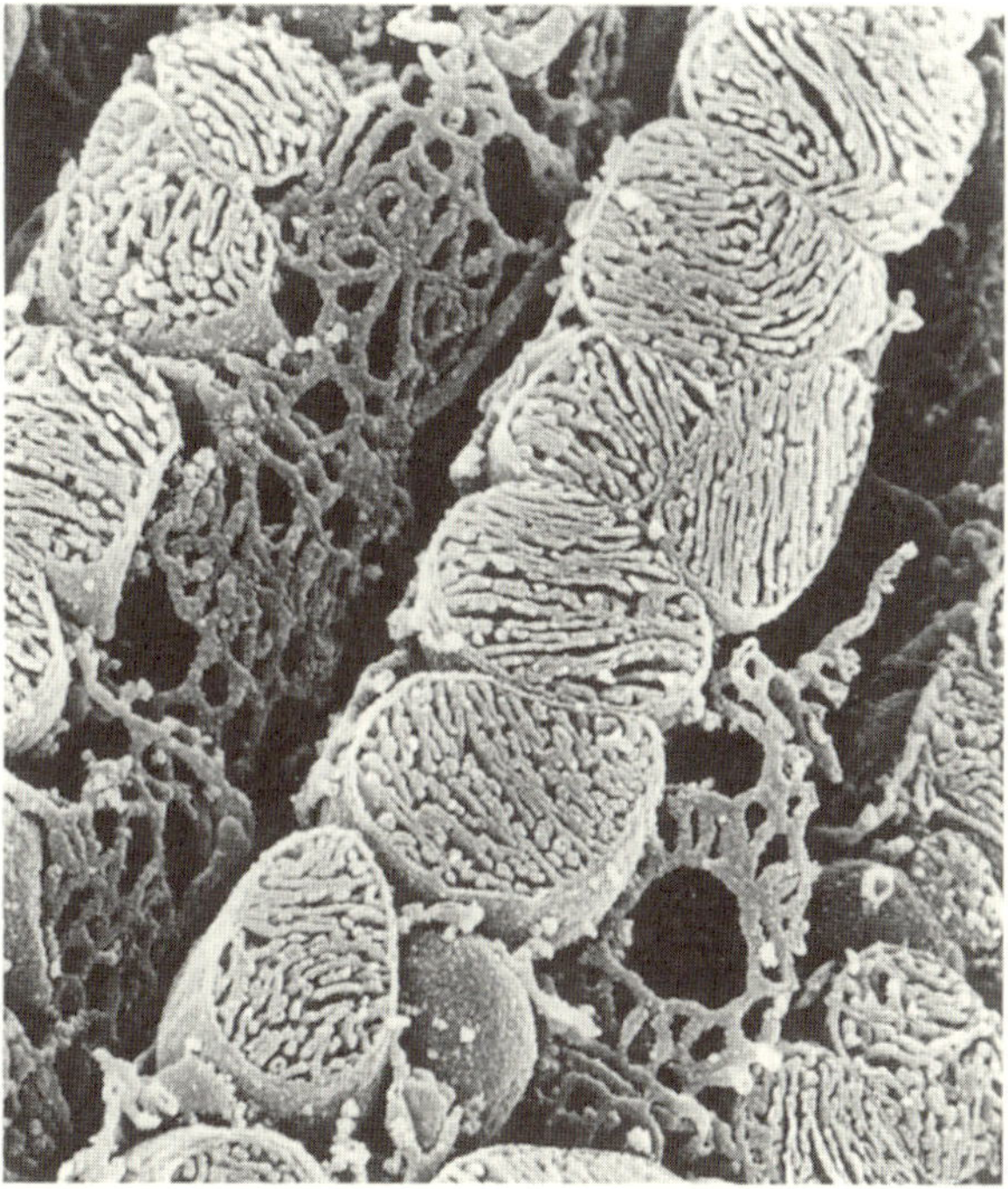

襞の間の空間に沿って視線を動かしてみる（d）（心筋のミトコンドリアと筋小胞体（3万8000倍））

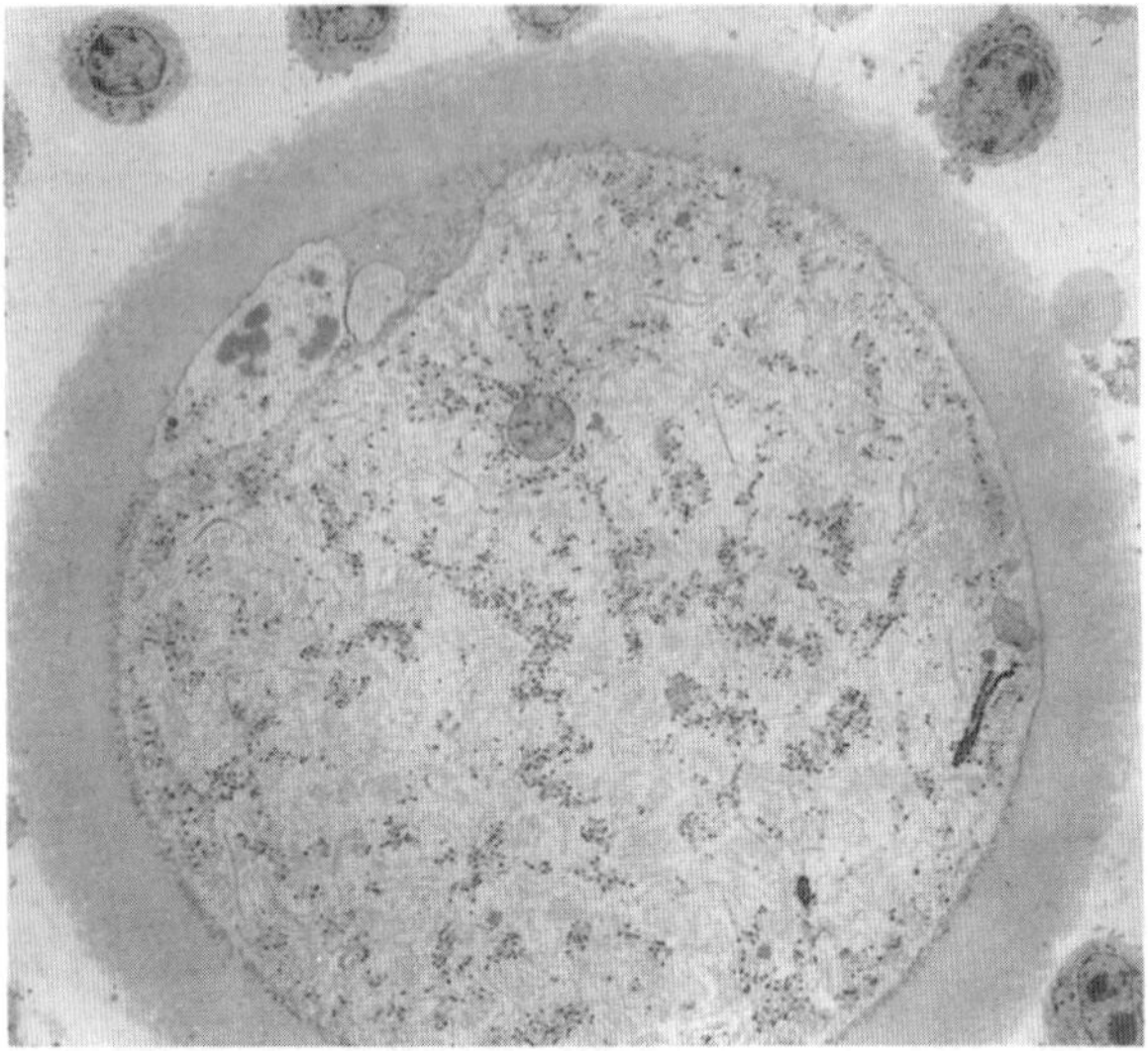

精子に比べ堂々たるものである (e) (卵子 (1620倍))

で拡大してある。だが、精子はただ昼寝しているだけに見える。倍率が相当違うのに、肌理の細かさは比較にならない。これだけ肌理の落差があれば、精子がほとんど役に立っていないことは一目瞭然である。栄養物質も個体形成のための情報以外の素材もなにももたないのである。しかも精子はすっとぼけた昼寝半分の状態だから、できることといっても、卵子に迷い込むぐらいしかない。昼寝の合間の迷子が、精子の実態なのだろう。ライオンのオスはほとんど昼寝をしていて、メスたちの取ってくれたエサを真っ先に食べている。たてがみのある物理的

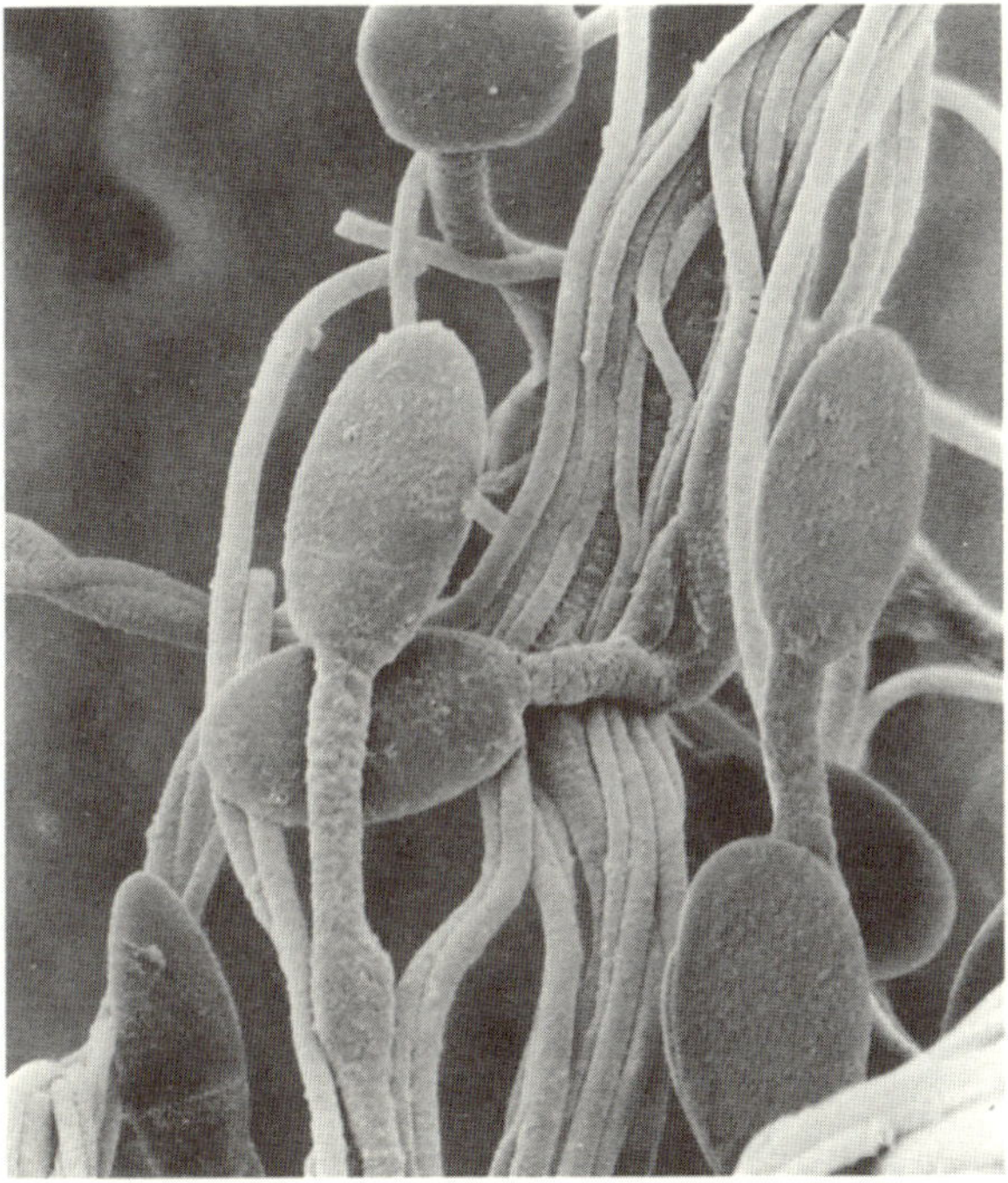

いかにもやる気がない感じである（f）（精巣上体で待機している精子（1万1000倍））

に大きな顔で、取ってもらったエサをただひたすら食うのである。別のオスが食おうとしてやってくれればうなり声をあげて追い払う。ただ子供が傍《かたわ》らでエサの端っこを食っているかぎりは気にもとめない。確かにライオンのオスは、顔の大きさだけは誰にも負けないらしい。この写真の精子も、頭だけはやたらに大きい。どうやらオスはなくしてしまうわけにはいかないだけのパラジット（寄生体）のようだ。

忘れていた触覚が動き出す

電子顕微鏡の世界では、形成過程の微細な変動を見ることができる。「目の水晶体線維」（g）の起伏に、視線を一つ一つ沿わせてみよう。まったく同じ起伏はほとんどないので、起伏をたどるたびに少しずつ異なる運動を行っている。繰り返すたびに異なるかたちになってしまうのが、生命の姿である。これは数学的な点の挙動とは違い、異様に生々しい。この生々しさが物性の特徴であり、物の感触である。物のかたちではなく、かたち以前のところで触れてしまっている触覚の世界である。質料性[*6]の認知と呼ばれるのは、そのためである。電子顕微鏡で日常のかたちの限界を踏み越えると、普段忘れていた触覚が一挙に働き出す。意味で解釈しても収まらない生々しさが残るのは、この場面である。写真を見ているだけなのに触覚が起動してしまうのが、質料性の働きである。

物のかたちには、質料の硬さが決定的だと思われる。**写真で見ても物の硬さは、くっきりとわかる。それが触覚の起動である。**魚の鱗《うろこ》や筋肉質の尾びれは、秩序だった反復性のある

見ているだけで触覚が起動してしまう（g）（目の水晶体線維（2140倍））

文様になっている。幾何学的な美しさではないが、骨格の美しさに似たものである。強い外圧や摩擦にさらされる部分なので、おのずとそれにふさわしい仕組みになる。これに対して軟らかい肉質の部分は、たとえ臓器の血管の鋳型であっても、なにやらミミズを50匹ぐらい丸めたような格好をしている。おのずと形成されるかたちには、部材の硬軟が決定的なようである。

内臓の世界は、さまざまな中間の硬さの事例に満ちている。典型的には軟骨の文様である。「気管軟骨」(h)には、中間の硬さをもつものがおのずと形成する文様が示されている。定型の秩序もなく流動体でもない。いくつかの基本形はあるが反復性はない。この非反復性は微妙な差異を作り出し続けるカオスとは異なる。カオス波形を太い線でなぞると、実は秩序が出現する。中間の硬さはこのタイプの非反復性ではない。どこにも無理のかからない剰余としての起伏とでも言うべき自然性がある。中間の硬さをもつデザインは、ほとんどこれからの課題である。

人間の認知能力は、硬さについて、硬い(幾何学)と軟らかい(流体)に両極化しやすく、微妙な硬さを捉える感度をあまり活用してこなかった。その間にはさまざまな活用の余地がありそうである。例えば建築物で部屋を作るさい、一軒の家の一部屋だけは、「柔(軟)らかい部屋」というのをつくってみることにする。壁や床にはすべてクッションが埋め込まれていて、触覚的な抱擁感覚というのか癒し感覚というのか、触覚に対して異なる感覚を与えるものにしてみるのである。この部屋は神経を休めたり、神経を形成したりするの

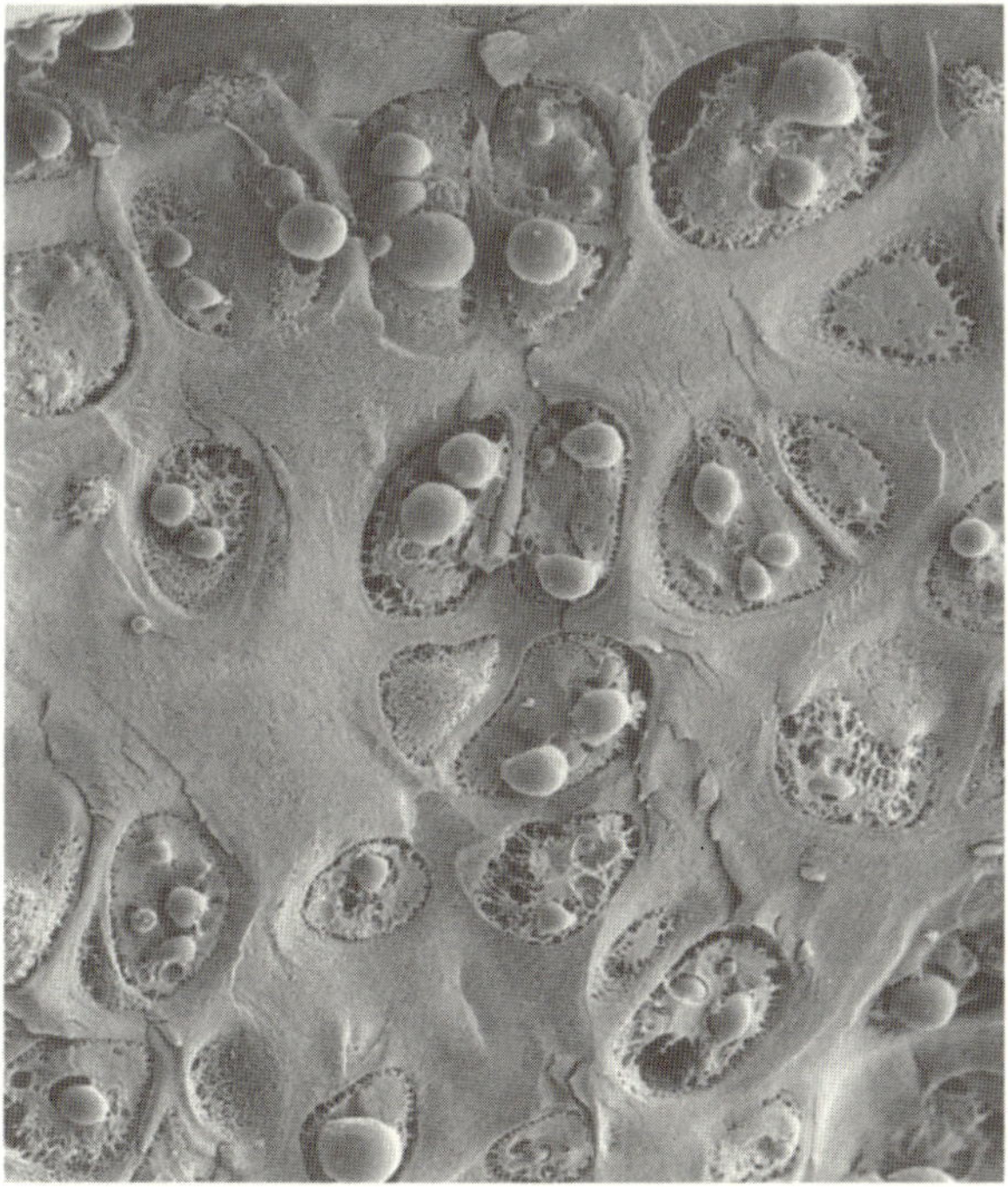

どこにも無理がかからない剰余としての起伏（h）（気管軟骨（1470倍））

に好都合であり、病院、企業の中央研究所、ソフトウエア・ハウス、アニメの制作所などの一部屋にこうした条件を与えておけば、かなりの効果を期待できる。スイスの精神科医ルック・チオンピ[*7]は、無医薬療法で世界的によく知られているが、治療室をこうした柔らかい部屋にしていた。壁や床の色はクリーム色か、薄いベージュでよい。では壁に描かれる模様はどのようなものがふさわしいのか。柔らかい部屋にふさわしい模様はどのようなものか。

文字なのに絵、絵なのに文字――タイポグラフィ

目盛りを変えて、見えていなかったことが見えてくるエクササイズの延長線上で、タイポグラフィを行ってみよう。タイポグラフィは、文字を組み合わせて図柄を作るデザインの手法で、誰であれ試みることができる。例えば「木」、「林」、「森」を組み合わせたデザインには以下に掲げる作品のようなものがある。これはタイポグラフィのなかでも傑作の一つである。

　いま真っ白い紙に、ひらがなの「あ」という文字を繰り返し描いて、白紙を埋めていく作業をやってみる。無作為に描き連ねてもよいが、むしろ「あっと驚く」という情景を「あ」**という文字で形象化してみる。**これ自体は、実は単純な作業である。文字を繰り返し描き続けると、最初一定の大きさで描いた文字が基準となる大きさとなり、それに合わせた大きさの文字を描く。ひらがなの「あ」を選ぶ理由は、文字が比較的複雑なかたちをしていることと、さらに、上下、左右に対称性がないことによる。対称性のある文字は漢字に多く、典型

例は先の「木」、「林」、「森」のような左右対称形である。文字の由来が現実の物で象形文字が基本であれば、手本となる物の対称性がそのまま残っている頻度は高い。また「王」のような上下対称形は、漢字の中でも例外である。

向井周太郎「木の星座」

エミール・ルーダー『タイポグラフィ』より

目盛りなしでわかる度合い――「強度」

通常歩行には一歩という繰り返しの単位があり、まばたきには一往復という繰り返しの単位がある。生活のなかで測度

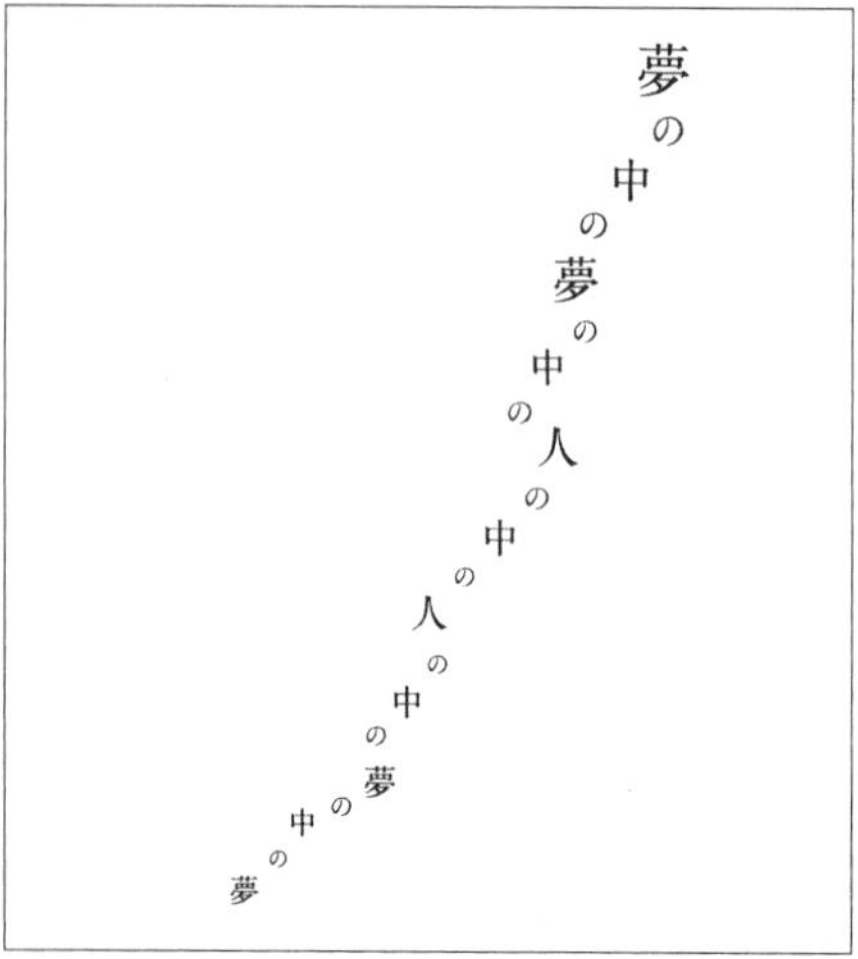

向井周太郎「夢／北園克衛の〈白の中の白〉の〈の〉へのオマージュ」

が生まれるのは、こうした単位が形成され、そのなかでおのずと目盛りが決まってくるからである。身体には物理的におのずと決まってくる目盛りの大きさがある。それを基にさまざまな尺度と、それによって張り出された日常の空間が決まってきたというのが実情である。こうした単位（目盛り）がないとき、実は測度という次元もしくは位相そのものが、もはや存在しなくなっている。では、**次元や位相から解き放たれた目盛りなしの世界ではなにが起きるのか。**

一歩という歩幅がおのずと決まらず、動きの勢いだけでそのつど歩幅が決まってくるような場面を想定する。歩くことには勢いのよい局面や徐々に勢いが静まってくる局面、またさらに勢いを増してくるような局面のような周期性がある。これらの周期性は、動きの目盛りがなくても成立しており、むしろ目盛りがない場合のほうがはっきりと見えてくる。そこで

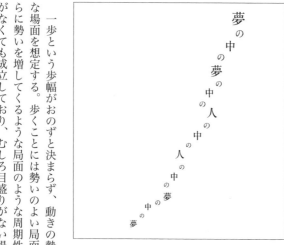

「あっと驚く」という情景を「あ」という文字で形象化してみる

まず通常の歩幅で歩き始め、次の一歩はその歩幅の95％で歩き、さらに、その次の一歩も95％で歩いて、しばらくたってから105％ずつ歩幅を伸ばしてみる。実際にこうした身体動作を一度やってみてほしい。しかし、この操作は、まだ測度があり、その測度の縮尺を反復的に変えているだけである。それに対して、こうしたことがおのずと起こる場合には、事情が異なっている。目盛りが形成されるさいには、反復動作が前提になっていて、そこに結果として規則性が出現すると、おのずと目盛りが決まる仕組みになっていた。だが目盛りは決まっているというより、それ自体形成されるのであり、**目盛りの手前で勢いの周期性やリズム性だけで動きがつくられている局面がある。**しかも勢いの周期性のなかには、勢いの度合いというものがはっきりと感じられる。

これは何も不思議なことを言っているのではない。例えば家庭用ガスコンロの火を点《つ》けると、火が強過ぎるとか火が少し弱いというようなことは、感覚的におのずとわかる。しかも、それが何度程度かという測度で概算できなくても、わかるのである。ガスコンロだから200度か300度程度の温度なのだろう。炭火の1000度程度とはずいぶんと異なる。しかもガスは燃えると水蒸気と二酸化炭素になり、水蒸気がべとつくために焼き物には向かない。しかし、こうした概算数値を知らなくても、火の強さの度合いはおのずとわかるのである。この度合いを、「強度」と呼ぶ。

ある意味で感覚的に捉えられたこの強度を、目盛りによって計量された測度に置き換えていく作業が、経験科学の営みだった。火の強さは、容器に入れた水の温度上昇によって置き換えられていく。感覚的に度合いとして区別されたものは、量に置き換えられるが、この量が測度になるためには、量とその量の変化をもたらすために必要な熱量との間に不変性がなければならない。水の場合、0度から100度の間での1度の変化をもたらすために必要な熱量は、ほぼ同じであり安定している。水は4度あたりで体積が最小になるので、細かく見れば1度変化させるために必要な熱量には微妙な違いがあるが、誤差範囲である。一般に強度は可能なかぎり、測度に変換したほうがよい。

だが、どのような時代にも測度にはならず、強度にとどまっている領域がある。量として測れないにもかかわらず度合いとして区別されていれば、既にその局面の現実は捉えられており、職人と技芸と芸術と哲学にとっての課題になる。つまり、**強度はいつの時代にも発見と工夫の現場なのである。また、イメージの出現する現場でもある。**

強度としての「変化率」の感知

この強度の世界を取り出して執拗に書き続けたのが、フランスの哲学者ジル・ドゥルーズ[*8]である。最晩年には、死にゆく者、いっさいの生の維持を自分で行うことのできない病者、物乞いのように自らで自分であることができない者を取り上げ、にもかかわらず個体であり続けることを取り出そうとしている。

ドゥルーズが取り上げた強度には、かなり多くの意味合いが含まれている。最も多くの事例にかかわっているのが、変化率である。変化率は、量で捉えられるのではないか、と思うかもしれない。加速度はすべて量で表記できる。これはその通りだが、加速度を測定するためには、十分な時間の経過と変化の結果とが必要である。つまり、この測定は、結果からみた値でしかない。ところが道路を渡ろうとして急に発進したトラックや物陰で突然なにかが動いたことは、直接感知されているのであって、計量して初めてわかるようなことではない。しかも、強い変化率つまり緊急性の度合いの大きな変化率と、それほどでもない変化率の違いは、測らなくても直ちにわかる。その意味で変化率は測定される以前に感知され、緊急さの違いとしてその度合いが区別されている。つまり、ここでは感じとることがなにかを行うように要求するのであり、その度合いは緊急性の度合いとしておのずと区別されている。

統合失調症と強度のかかわり

精神科医の花村誠一さん[*9]は、緊張病性の統合失調症患者に対して、この意味での強度をはっきりと見いだしていた。それはドゥルーズ&ガタリ[*10]の著作を読む以前に、患者の治療過程のなかでこうした現実を見てとっていたからである。ドゥルーズ&ガタリの本でこうした強度の記述様式を通じて、自分の臨床経験で得たものと同じものを見いだし、それ以降、彼はこうした記述様式を採用している。

20年ほど前になるが、ドゥルーズ&ガタリの著作で「強度」という語に触れたことによって、いつものように日本では訳のわからない膨大な言説と解釈が飛び交っていた。しかもそうした訳のわからなさを、むしろ積極的に擁護する風潮もあった。一般に「ポスト・モダン」と呼ばれる時期である。こうした時期に、おそらく花村さんだけが、強度についての現実の経験をもっていたのである。強度のようなテクニカルタームを理解するさいには、意味や定義で解釈するのではなく、それに対応する経験をもつことが重要である。経験できなければ、単に意味を獲得しただけにとどまってしまう。それでは言葉に言葉を重ね描くだけで、経験はなに一つ進んでいない。そして、日本で行われた強度の理解の大半が、こうした意味分析だったのである。

花村さんは、患者の強度の変動に敏感に反応し、それに呼応するように自分自身で強度的な経験の動きをつくり出すことができた。かつて沖縄で行われた日本病跡学会の帰りに、花村さんの弟子筋の女性とともに、三人で沖縄本島の南端を車で旅行したことがある。沖縄にしかないような大木を前にして、突如花村さんが叫び始めた。当初なにが起きたのかわからなかったのだが、大木の幹の中腹を小さな昆虫が動いていた。花村さんはその動きの開始と変化率に直ちに反応したのだという。患者の変化率に直ちに呼応しながら、この呼応運動のなかでリズム性と速度の調整を用いて、患者を比較的安定した状態に導いていく。このことを花村さんは、繰り返し「強度の共振」と呼んだ。

キータームに対応する経験をもつことが必要で、タームの意味だけを理解してもしょうがない。このことはあらゆるキータームに言える。例えば後期の西田幾多郎[*11]に、「反省の果てに反省そのものが消滅して、そのさなかで見えてくる自己」があるというような記述がある。これが「場所の論理」につながるのだが、言葉の意味としては難しいことは語られていない。だが反省の果てに反省が消滅してそこから見えてくる自己というのは、いったいどういう経験をしたらそれに相当する経験をしたことになるのか。現実の経験がなければ、ともかくそれをイメージしてみる。現に経験を動かすさいの、その経験をイメージしてみるのである。この場合イメージは、経験を動かすための手がかりとして活用されている。

ところで花村さんの場合、当時誰も理解できなかった強度を自ら手にしたために、とにかく闇雲にそれを活用した。彼は治療者としては天性のセラピストだったし、現在もそうであるが、それを周囲にも理解してもらうために、必要となる勉強が当時どんなに本を読んでもできなかった。たくさん本を読む人である。そして、本を読むことが、何も読んだことにならないような読み方をしたのである。理由はいくつもあるが、本を読むさいに書かれた内容や事柄を理解したり、それに対応する経験を動かすのではなく、本で描かれた経験の動きに変化率を感じとるだけだったのである。要するに統合失調症の患者のあるパターンを用いて、ほとんどの本を読んだのである。そのため世界中に強度があふれてしまうことになった。

花村さんの場合、もう一つ問題点が生じた。それは彼の記述する症例がきれいにでき過ぎてしまう点である。強度の世界で一貫して描けば、症例はきれいな病像を結ぶ。ところがこれは言語的記述だけの問題ではない。強度の世界にきれいに対応するように、彼は患者の病態を意図せず誘導していた節がある。強度については、こうしたことが現に起こる経験領域だという点を、念頭に置いておきたい。その上で有効に活用するための手立てを考案しなければならない。

オタマジャクシからカエルへ

例えばオタマジャクシがカエルに変態（変化）するとき、もはやオタマジャクシではなく、まだカエルではない局面を通過する。目盛りを打つための空間そのものが成立していないような状態である。全身を組み換えるのだから、そういう局面はある。そのときにも生命の活動は続いている。この生命の活動（変化率＝強度）をどうイメージしたらよいのだろうか。イメージするさいには、どうしても空間のなかにかたちをもつようにイメージしてしまうのが普通である。ところがオタマジャクシは解体されかかっており、カエルは形成されかかっている。この生命の活動は、本

《処女から花嫁への移行》（「強度1」）

《急速な裸体たちによって横切られた王と王女》
(「強度２」)

来動くための空間を前提できないような動きとなる。それをイメージするのである。

マルセル・デュシャン[*12]の《処女から花嫁への移行》、《急速な裸体たちによって横切られた王と王女》、《階段を降りる裸体No.２》のような作品は、絵の表題によってかろうじてわかる位置で描かれている。ところがこうした表題を外して、順に「強度１」、「強度２」、「強度３」という名称を与えると、強度の内実が感知できるように描かれてもいることがわかる。

強度の出現するところでは、質の異なるものの間の無作為の比例関係が生じ、強さの度合いは、数の比例関係と近さ－遠さの度合いに転化される傾向がある。あるいは、その程度の規則性しかない、といったほうが正確である。この領域に入り込むことをひとたび習得すれば、経験がそれとしてあることの境界で際限のない細部が出現してくる。

いま次のような言語の系列を設定してみよう。

風に揺れる東京タワー＝飛行機の先端のジュラルミン＝赤緑＝無限連鎖講＝……

これらの語は、等号でつないである。いったい何が等しいのだろう。およそ共通点らしきものは直接見えて来ない。だが五番目の語として、なにかを設定することはできる。雰囲気でつなげば、「情態性」（外に見え感じられている雰囲気や気配）による語の配置が生まれ、

《階段を降りる裸体No. 2》（「強度3」）

運動性の強さで五番目の語が配置されれば、強度性での接続となる。五番目の語として、できるかぎり多くの語を書き出してみてほしい。

＊1　後注＊12を参照。

＊2　ノーベル文学賞を受賞したアイルランド出身のフランスの劇作家、小説家。戯曲『ゴドーを待ちながら』で世界的に有名になった。作品に内在する資質や気質を分析する病跡学の格好のテーマともなり、統合失調症気質が読み取られている。ことに初期の小説『マーフィー』では、どんな職に就いても長続きせず、同棲相手から今度職に就かなければ別れると毎夜言い渡される主人公マーフィーを、「無理数の数列を生きるような人間」として設定している。際限なくわき出して来る言葉の羅列からなるような作品が多い。

＊3　『ガリヴァー旅行記』はアイルランド系の英国の作家ジョナサン・スウィフトの傑作で、主人公のガリヴァーが大男の国や小人の国を歴訪して奇想天外な経験を重ねる。ブロブディンナグ国は二番目の旅行で訪れた大男の国で、人間がイタチに対するように原住民から扱われるという対比的なスケール変換で描かれている。こうした作品世界は「測度」を変えて生活することに等しく、日常生活でも測度を変えることができれば、毎日ガリヴァーの気分になることができる。

＊4　自らの形成プロセスを通じて、自己形成するようなシステムの総称で、交通の要衝におのずと宿場町が形成されていくような事態や、渦巻きが小さな空気の回転上昇運動から出現してくるような事態が典型例である。水素と酸素が化合して水が形成されるような場合は通常自己組織化とはいわない。というのも水素と酸素が化合すればほぼ間違いなく水ができるので、形成プロセスに選択肢がないからである。

＊5　次注を参照。

＊6　人間の認知できる物には通常かたちがある。生命体にもそれぞれに固有のかたちがある。生命体の場合、内容物が入れ替わってもかたちは維持されている（実際、タンパク質は180日程度で使い尽くされ代謝される）。かたちには固有の原理があり、それをアリストテレスは形相と呼んだ。それに対して形相の素材となるものが質料である。この質料を重さを示す質量と混同してはいけない。人間の認識から見ると、かたちは直ちに捉えられるが、質料そのものは未定型であり、感じとられていてもそれがなんであるかを確定することは困難である。

＊7　スイス・ベルン市の精神科医で、無医薬治療を行う「ゾテリア・ベルン」を運営していた。ほとんど医薬を用いず、病院ではなく一般民家に患者とともに住み、リラックスできる環境で、十分なスタッフとともに治療を行った。ゾテリアはもともと反精神医学運動を旗印にしてアメリカで開始されたが、当時薬剤の副作用が極めて大きかったために、有効な治療の選択肢の一つとなった。また、理論構想としては、階層関係を用いて、感情要因がどの階層にも固有のファクターとして繰り返し現れてくるという「フラクタル階層論」を提唱した。認知と感情との関係は、かたちを変えながらさまざまな階層に出現する。

＊8　フランスの哲学者。主著『差異と反復』で、否定を介さない世界の多様化の仕組みを解明しようとした。否定を介した多様化の仕組みの代表が「弁証法」であり、弁証法は20世紀の後半まで大きな影響力をもっていた。これに対して差異化の反復は、感覚・知覚には「強度」として捉えられる。この強度の種類と働きを詳細に解明しようとしたのである。後にフェリックス・ガタリとともに「反精神分析」の論陣を張り、共著で『アンチ・オイディプス』を著した。

＊9　統合失調症（分裂病）を専門とする精神科医で、天性のセラピスト。花村さんの初期の患者に自分は西城秀樹だと人格仮託をする人がいて、そのさいパーソナリティ障害に対するような処方をするのではなく、花村さん自身が矢沢永吉に仮託して、デュエットで歌を歌って治療するようなことをやっていた。言語をリズムとして生きることのできる人で、かつて文章を書けば、どの文も20字にきっちりと収まってし

まったり、どの段落も4行に収まったりしていた。これは形式的な枠に文字を書き込むのではなく、運動を基調とするリズム性によって言語が繰り出され、おのずと文や文章の長さが決まったことを意味している。

＊10　フェリックス・ガタリは精神分裂病（統合失調症）として分類されるもののなかでも、緊張病（常同症）の病態に敏感に反応し、また、精神分析を攻撃して、分裂分析と呼ぶべき局面を開こうとした。緊張病の記述そのものは1930年代に登場するが、比較的頻度が多くなったのは20世紀後半だと思われる。そうした事情を敏感に見抜いていたようだ。

＊11　哲学者。臨済宗の座禅を恒常的に行い、西洋哲学とりわけ現象学をいち早く吸収して独自の哲学体系を形成した。膨大な言葉を繰り出せる人で、経験に言葉を当てるだけでなく、まるで言葉を繰り出しながら経験を動かしていたようにもみえる。単に意味として見れば、それほど複雑なことが語られた哲学ではないが、体験としては簡単には届かない位置から語りだされている議論が多い。

＊12　ダダイズムの旗頭のような存在で、ここに掲げたような絵を提示して一躍大スターとなった。通常、機械と人間を合体させたような作品と言われるが、感覚に別の規則を見いだしたというのが実情に近いと思われる。その後「自分自身を繰り返さない」と宣言して絵画から離れ、ただの普通の便器に《泉》と表題を付けただけの作品を提示したり、自転車の車輪やシャベルの切り取りのアングルを変えることで、そのまま作品としたレディ・メイドと称される作品群を制作し、物への別の感度を発見している。

練習問題5　見えないのに知っている、触れている——物性の不思議な世界

見えない世界へ降りてゆく

染織家の志村ふくみさんによれば、桜色の染料を取るためには、花びらが開く前の時期がよいらしい。花びらが開く前には、まだ葉のない樹皮の内側が全身桜色に染まっている。雪の残る時期に桜の皮から色素を煮出すと、金色がかった桜色が出るようである。染め指に唾液をつけて、糸を一本一本絞り込んでいくと、若い女性の唾液であれば輝くようなつやが出るらしく、老人の指で絞り込んだものとはまったく異なるつやになるという。緑色の染料を取り出すのは難しい。水の中に溶けた状態で鮮やかな緑色であっても、空気中に引き上げるとたちまちきたない灰色に変色する。緑色の繊維は、合成によってつくられる。物性はわずかな条件の違いで、驚くほどの多様性が生じる。

人間の世界は、見えないものに満ちている。あるいはほとんどの現実は見えるものではなく、見て知るようなものでもない。**かたちや色は見えるが、それ以外の物性（素材の性質）のほとんどは見えない**。唾液のなかのつやの素は見えず、樹皮に含まれる染料も見えない。働きや活動は、通常見えない。胃は見えるが消化は見えない。脳は見えるが思考は見えない。細胞の構造は見えるが、細胞の働きそのものは見えない。見えないものはおそらく無数にある。眼前に机がある。この机は炭素でできている。しかし、炭素は見えない。けれども、炭素からできていることはよく知っている。だが机を見ながら、私はいま炭素を見ているとは言わない。机が炭素でできていることは、見て知ることの延長上で成立しているのではないからである。実際、炭素を直接見ることはまず無理である。同じように、眼前の空気を見ながら、ウイルスやバクテリアを見ているとは言わない。見えないものがどの程度見えるかで、個々人の現実は変わってくる。また、見えないものをどのようにして見えるようにしているかで、表現機能が異なってくる。さらに、この見えないものを見えるようにする仕方をどの程度もち合わせているかで、現実性の裾野の広がりが決まってくる。

見えない現実がどのようにして見えるようになるのか（発見）、見えない現実をどのようにして見えるようにするのか（発明、造形、表現）、見えない現実に気づき、そこにどのように介入するのか（教育、治療）――そうした課題が出てくる。見えないものを見えるようにするさいには、実はさまざまな選択がある。ごく小さなものは拡大する装置を介せば、見えるようになる。装置を人工的につくり上げ、装置を介して現実を見えるようにする。これはいっさいの技術の基礎にある態度である。また巨大なもの、地震、津波、進化のようなあまりにも大き過ぎる出来事は、スケール変換を用いて見えるようにする。地震についての説明は、箱庭のようなモデルで見えるようにできる。ここにはスケールを変えても、同じ事態が成立するという途方もなく大きな前提がある。そして、スケール変換されたもののなかでも、共通の物理規則が成り立っていることが前提とされている。

サッカーボールからフラーレンへ――かたちの冒険

例えば原子、分子は本当はどんなかたちをしているのだろうか。原子は球形なのか。ニュートンが物質をイメージしたときには、基本単位を立方体だとみなしていた。立方体がびっしり詰まっているのではなくて、交互にすき間が空いているように組み立てている。そして、立方体の組み合わせで、すき間のある場所に熱がこもったり、すき間の合間を光が透過すると考えていた。ガラス質のものはすき間が大きく、重金属ではすき間が小さい。金延師という伝統工芸師は、わずか1グラムの金の塊を畳んで1畳ほどの広さの金箔に延ばしていく。ここまで薄くすれば、たとえ金属であっても光を通す。つまり金箔を介して向こうが見える。物性のイメージをどうもつかは、概念的前提の柱である。

先端技術による新素材や合成物には、物性のイメージを喚起するものが多々ある。そこには運動と物質構造の間の新たなイメージを喚起するものが存在する。サクラの花びらもシクラメンの花びらも、5枚である。ヒトデの足も5本である。人の手の指も5本である。サクラが開花するとき、5枚の花びらが一様に少しずつ開いていくのではない。5枚の花びらは少しずつ重なっている。これは巻き込みの運動が起こっていることを意味する。まず一番外側にある花びらが開き、一つ飛ばして144度隔たった花びらが開き、それを繰り返す。2回転すると5枚の花びらが開く。この五角の運動は、成長する物体の先端でも出現する（360度×2回＝144度×5枚）。

フラーレンという現在ではとても有名になった炭素化合物がある。炭素だけの化合物は、ダイヤモンド、グラファイト、チャコールの三種が代表であり、長らくこれに尽きると考えられていた。ところが25年ほど前にまったくの偶然から新たな化合物が見つかった。炭素だけの化合物の四種類目が見つかっただけなら、おそらくたいしたことではない。ところが、この3日間でなされた発見だけで、携わった三人の化学者は一九九六年にノーベル化学賞を受賞している。この物質の後の展開が、今日物性の新たな回路をつくり出しつつあるのである。

最初のフラーレンは炭素の塊にレーザー光を当てて炭素を気化させ、熱を断った環境で一挙に体積を拡大させる断熱膨張を通じてつくられた。それが炭素が60個集まった物体だった。従来の炭素だけの化合物の代表であるダイヤモンドは、正四面体（正三角形が四つ集まったもの）の繰り返しであり、正二〇面体になって安定する。エイズの結晶もこのかたちをしている。鉛筆の芯に使われているグラファイトは、六角形が次々とつながって層になったものが、何重にも重なっているだけである。雪の結晶が何層にも重なっている場面をイメージしてみればよい。そのため鉛筆の芯は、ぽろぽろ剝がれる。だがこれを圧縮して合成樹脂として使うこともできる。炭素だけでできているので本来水よりも軽いが、圧縮すればとても固くなる。テニスラケットやゴルフ用具に用いられているのが、この素材である。チャコールは炭の塊で、定形がない。定形がないものを高温で蒸発させ、再度結晶化させると、条件に応じてダイヤモンドやグラファイトができる。

結晶は、炭素原子を配置して点と点を結ぶ操作でできている。先の新種の物体を、60個の炭素を用いて立体に組み上げようとしても、にわかにはイメージできない。このときヒントになったのがサッカーボールである。サッカーボールには、20個の正六角形と12個の正五角

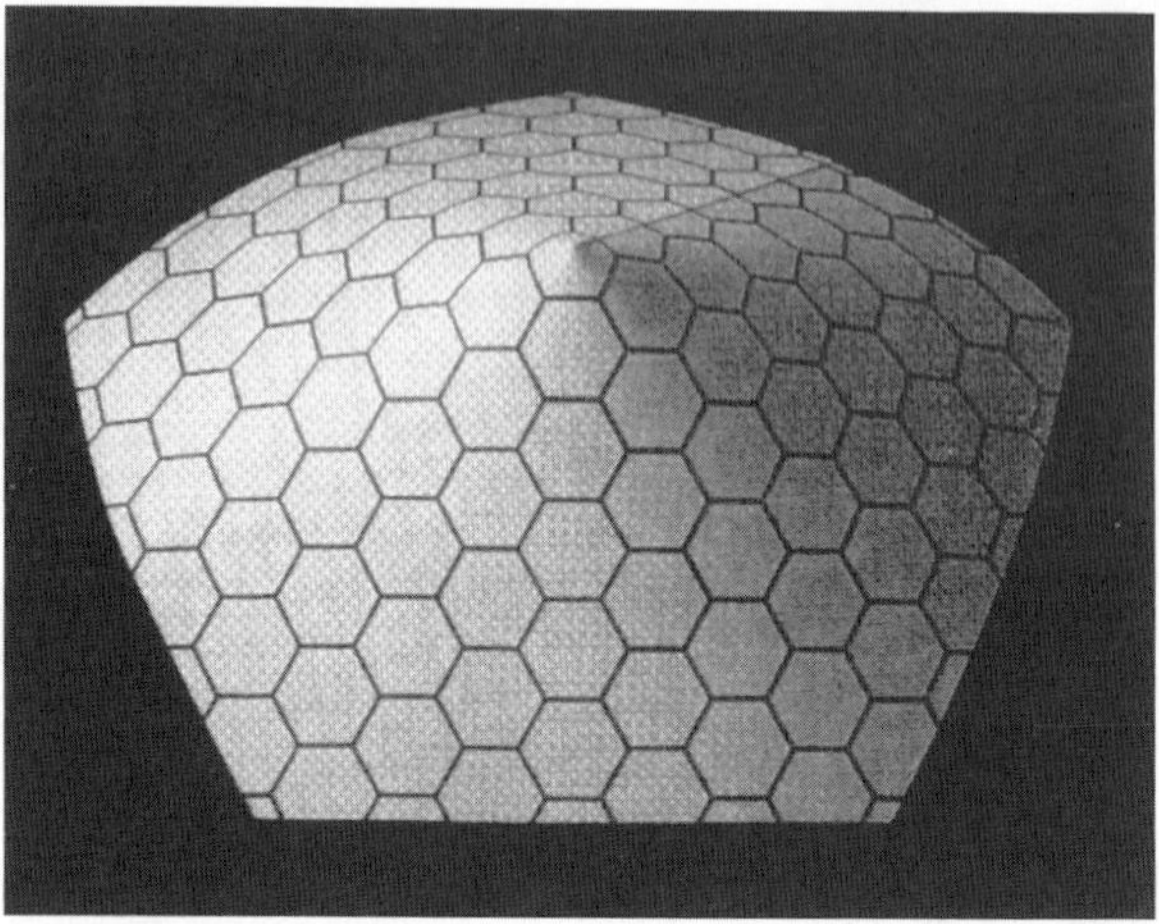

頂点に５員環（五角形）をもつと、円錐状に立ち上がり、球を構成する一部となることができる（円錐形グラフェン）（飯島澄男『カーボンナノチューブの挑戦』より）

形が含まれている。正六角形だけだと、雪の結晶が平面的に長くつながったようなものになるだけで、盛り上がった曲面をつくって球になることができない。ねじって球形をつくろうとしても、どこかに必ずひずみが残ってしまう。球形をつくろうとすると、面を立ち上がらせるために五角形が入る必要があるのである。

サッカーボールの五角形はなぜ12個なのか。ここに出てくるのがオイラーの定理である。立体（多面体）には多角形が含まれ、頂点では三つの多角形が接しており、また稜線では二つの多角形が接している。これを利用して、「(多角形の総数）＋（頂点の数）＝（稜線の数）＋2」を経験則として導くことができる。この経験則は、正六面体（立方体）で確認することができる。多角形の総数は6であり、頂点の数は角をすべて数え上げると8になる。稜線は上下面でそれぞれ4、縦方向に4で総数は12になる。これを先の式に当てはめると、経験則の正しさは確認できる（6＋8＝12＋2）。

いま六角形をa個、五角形をb個として、オイラーの定理に当てはめてみる。多角形の総数は、a＋bで、頂点の数は、6a＋5b／3、稜線の数は6a＋5b／2となり、機械的に（a＋b）＋（6a＋5b／3）＝（6a＋5b／2）＋2を解くと、aの項が消えて、b＝12になる。つまり、項が消えた六角形は、小さな六角形を使ってどんなに多くしてもかまわない。また場合によっては六角形以外のものを混ぜてもよい。この球状結晶は、バックミンスター・フラー[*1]のテンセグリティに類似していることから、フラー的なものという意味合いを込めて、フラーレンと命名された。

フラーレンからカーボンナノチューブへ

フラーレンは、結晶化の温度を変えると、炭素240個のもの（C240）、炭素540個のもの（C540）ができる。12個の五角形を入れたまま、六角形の数をどんどん増やせばよいのだから、理論上も予測できることである。ところが近年になって川崎市の国際基盤材料研究所がつくり出したものに、入れ子型のフラーレンが生じていた。ロシアのマトリョーシカ人形のようにC540のなかにC240が入り、そのなかにさらにC80が入っていた

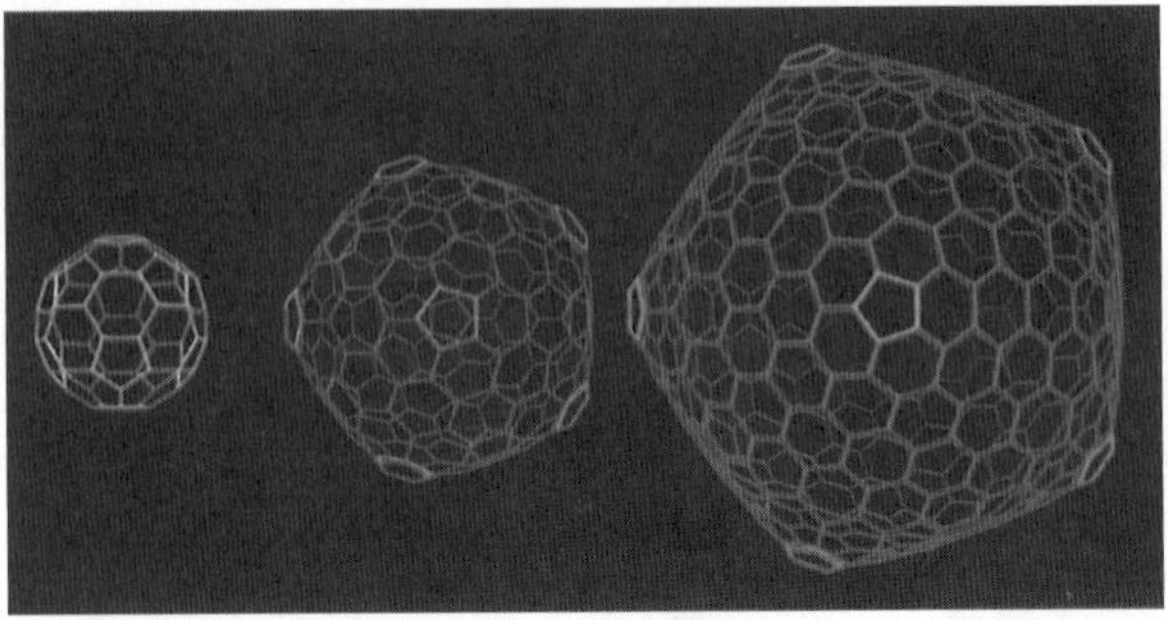

何と入れ子型になっていた三つのフラーレン分子（左からC_{80}、C_{240}、C_{540}）（『日経サイエンス』2000年3月号より）

のである。生成過程はこの場合、一挙に複雑になる。外側の大きなフラーレンができて、それの六角形の部分だけが膨らみ続ける間に、余った炭素原子が内側に落ち込んで、そこで再度結晶をつくるか、内側から小さなフラーレンができて、それを包むように外側のフラーレンができ、やがて膜が剝がれるように外側の皮膜が浮かび上がってきたと考えるのが常識的である。

それぞれが別個にできて、大きいフラーレンが小さなフラーレンを飲み込むことは論理的には可能だが、物理的には相当難しい。だが今日一般に細胞と呼ばれているものは、フラーレン以上に複雑な分子であるタンパク質の活動体が、ある時期遺伝機能をもつ塊を飲み込んで、タンパク活動系と遺伝情報系が共生してできたというのが定説のひとつになっている。当初栄養として遺伝情報系を飲み込んでいたタンパク系が、核酸の塊を栄養として使うよりは、現在のような情報系として使ったほうがよいという選択をしたのだと考えられている。とすると大きなフラーレンが膨張し続けている間に、膨張している部分のすき間から小さなフラーレンが入り込み、その後相互作用が生じて、内側のフラーレンが成長し、外側のフラーレンの膨張が止むということも考えられる。

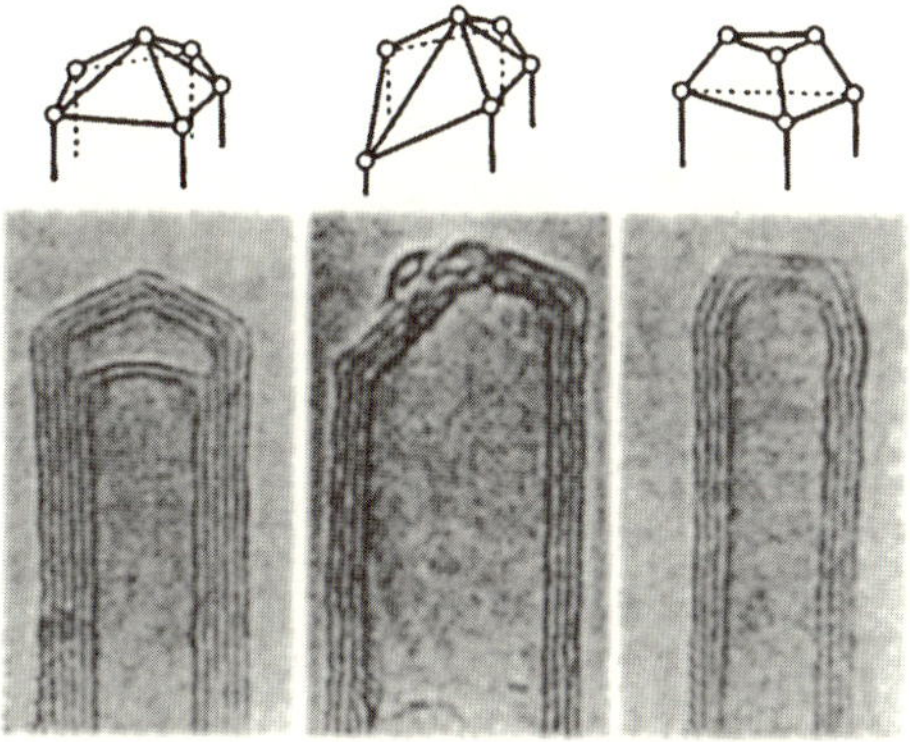

カーボンナノチューブのコーナーにも５員環が生じている（田中一義編『カーボンナノチューブ』より）

フラーレンの大量合成法は、かつて街灯として使われていたアーク放電を用いる。アークランプの陰極に大量の炭素の塊が出現し、ここにフラーレンが大量に形成される。それと同時に、同じ陰極に多くの針状の結晶が析出する。これがカーボンナノチューブと呼ばれる結晶である。ナノメートルという単位は、1メートルの10億分の1である。ナノ単位の物質の微細構造は、ミリ単位のものとはまったく別の性質を示すことが知られているので、こうした物質科学をメゾスコーピック[*2]と呼んでいる。カーボンナノチューブでは空洞のチューブのなかに小さなチューブが入っていて、二重のチューブの中は空洞になっている。

精妙な構造が同じ条件で生まれてしまう

フラーレンとカーボンナノチューブは、ほとんど同じ条件で形成される。温度、圧力、電気的条件もほぼ同じである。大量合成の場面で異なるのは、触媒となる金属（例えば鉄、ニッケル）を介した反応の回路を進むか、この触媒を介さない回路を進むかの違いのようである。だが、アーク放電でつくった場合は、フラーレンとカーボンナノチューブは、同じ陰極にでき、ともに金属の触媒を介さなくてもできる。仮にまったく同じ条件で、複数の物質が形成される可能性があり、それらが単に確率的に分かれるだけであれば、その場合は当初の系にゆらぎ[*3]が含まれていることになる。

一般的にイメージすれば、炭素の結晶がつながっていくさい、半径方向（垂直方向）の形成速度と、軸方向（横方向）の形成速度が同じであれば、形成の結果は球形になり、それに対して軸方向の形成速度が著しく大きければ、棒状になる。問題は、この形成速度の違いがなにによって生じるのかである。いまのところこの点については、まだよくわかっていない。

カーボンナノチューブの結晶構造は、六角形の結晶がつながるグラファイトと同じものらしい。とするとこの結晶の積み重ねは、通常は鉛筆のように層状になることはあっても、通常円環にはならないはずである。ここにおそらく「らせん」が入る。**層状にしかならないものを円環状に形成しようとすると、らせん状の巻き込みを使う。**直線や平面の連続的な延長から立体を引き出そうとすると、らせん状に巻きながら階層を持ち上げて行く。らせんは、2次元の線が3次元へとつながっていくための最も基本的な仕組みの一つだと思われる。

らせんのファンタジー

この手法は、かつてロマン主義の自然哲学のなかに出現していたものであり、ロレンツ・オーケン[*4]という自然哲学者の著作の軸になっている。そして、これは巨視的には、直線や平面のような線型のものと、円環のような非線型のものを結びつける自然な運動なのである。らせん状に巻いて進行する物質は、半導体の性質を示すことが知られている。鉛筆のようなグラファイト構造は、金属のような性質をもち電気をよく通す。鉛筆の芯も電気を通す。ところがらせん構造は、半金属的になる。

問題はらせんを巻きながら伸びて行くさいの先端の構造である。先端は植物の芽が伸びて行くように、半球形になって結晶を増大させていると予想されている。仮に完全な半球だとすると、**12個の半分の6個の五角形結晶が存在するはずである。**完全な球形でない場合にも頂点に五角形が一つあれば、先に述べたように円錐形の先端が形成できる。この先端の五角形が、生命の形態になんらかの関係をもっているのではないかという予想は、推論として十分成立する。頂点の位置に五角形があれば、円環的運動の要になることができる。

少々強引な推測をしてみよう。つまり科学的ファンタジーを行ってみるのである。遺伝子本体であるDNA（デオキシリボ核酸）は、塩基の鎖が二重らせんを描いている。このらせんの円を巻く折れ曲がりの箇所に五角形の構造体が配置してあれば、物理的には好都合である。実は、DNAは中心に5員環をもつ分子である。この5員環の構成元素の集合形態としては、現存の5員環はエネルギー的に最も安定したものというわけではない。エネルギー的にはもっと安定した5員環ができるようである。他の選択肢があるにもかかわらず、この5員環が維持されている。そのため蚊の化石に含まれた恐竜の血液のなかから無傷のDNAを取り出し培養して、恐竜を再生するようなファンタジーが成立する。現在のDNAでも実際には相当丈夫で、熱にも物理的圧力にも強い。そのため蚊の化石に含まれた恐竜の血液のなかから無傷のDNAを取り出し培養して、恐竜を再生するようなファンタジーが成立する。それは単なる空想以上の現実感をもっている。

また、最近化粧品や総合栄養食で注目されている皮膚の張りを出すコラーゲンは、タンパク質からなる三重らせんの繊維である。この一つ一つの繊維にプロリンという5員環のアミノ酸が含まれている。こうした5員環がらせんのどの位置を占めているかはまだ不明だが、かたちの要のところに利いていると予想される。

形態は、形態形成のプロセスの末端の構造と、それが行う形成運動との相関関係の結果である。おそらく先端の5肢構造と、ナノ物質の先端の5員環とは、マクロな大きさの構造部材の形成場面で密《ひそ》かにつながっているのであろうが、直接的なつながりではない。というのもナノ物質の5員環は、反応性に富み、わずかの条件の変化で分解され、また、つくられるからである。だが、こうしたことからも物理的形態を規定するプランの条件の一つを取り出すことができる。平面が球状に変化するとき、そこに少なくとも一つの5肢構造がおのずと出現する。これがどの程度普遍的な仕組みなのかは、いまのところよくわかっていない。こうした仕組みを直観的に捉えるのが、原型的直観[*5]である。動物学者のジョフロワ・サン＝ティレール[*6]は、すべての動物には共通のプランが貫いていると考えており、また彼と同時代の多くの自然学者が、正負、陰陽、＋－のような相反対《つい》を基本形だと考えていた時期がある。自己組織的な造形の基本形は、これからまだまだ見つかるかもしれない。

物理はかたちを制約しつつ制限しない

かたちあるものには、物理法則が貫いている。物理法則に外れることは論理的には可能であっても、実現しない。だが物理法則から現実が一つに決まるわけではない。ここがややこしいところである。現実は一つには決まらないのだから、非決定論なのか。実はそうではない。マッチを擦るような単純な事態でも、うまく擦れて火が点《つ》くことも、煙だけ立って火は点かないことも、マッチ棒が折れてしまうこともある。いずれの場合でも、物理法則は貫いている。一つ一つはすべて規則的であり、おそらく決定論的である。しかし、現実に起こることは、当初の初期条件から見て、一つに決まらないのである。この場合、物理学が設定する初期条件は、極めて単純なかたちでしか設定できず、現実のごく一部を切り取って設定しているか、エネルギー保存則のように、最初と最後の状態間の等しさは指摘するが、その内部でなにが起きたのかは指定できないかのいずれかである。この場合は、物理法則は、内部に未決定の部分を含んだ規則性を示していることになる。とすると現実の物理的法則の下でも、なお成立しうるさまざまなかたちの可能性があるにちがいない。その例の一つが、先のバックミンスター・フラーが人工的に作り出したさまざまな造形物である。つまり物理法則を満たして、かつオルタナティヴなデザインはまだまだ可能なのである。

四面体を基本とする宇宙

一般の家屋は、箱のようなかたちをしている。横からの揺れには弱く、少し強い風が吹いてもぐらぐらし、横揺れ地震がくればひどく揺れる。私の自宅の道路を一つ隔てた家屋の前が交差点になっていて、その交差点はどちらが優先道路なのかがよくわからない。この交差点では、かつてよく衝突事故が起きた。車どうしがかすった途端に相手をかわそうとして急ハンドルを切り、隣家のブロック塀をもろに直撃する、という事故が何度か起きた。ブロック塀が数段壊れる程度の事故だが、その程度でもわが家はずいぶんと揺れた。現在の家屋のような箱は外的衝撃に弱いだけではなく、一度与えられた衝撃の吸収という点でもずいぶんと弱い構造をしている。直交する角をもつものは、衝撃が垂直に当たり、しかも部材構造のなかに衝撃が吸収されにくい。

外からの衝撃に強い構造は、内的に生じる力学的攪乱に対しても吸収できる構造をもっている。これに最も対応するのが、平面図形では三角形であり、立体では正四面体である。どこに圧力をかけても図形全体に分散し、図形そのものが変形する可能性は低い。正四面体を基本にして立体を組み立てると、外形上多数の三角形の組み合わせでできたような立体ができる。フラーは、直交座標軸ではなく、60度座標軸が、自然の本性に適っていると考えていた。エネルギー的に最も安定した幾何学を考えようとしていたのである。三角形を積み上げていくような幾何学のつくりは、「エネルギー幾何学」と呼んでよい。

宇宙全体は、物体をすべての方向に対して引っ張ろうとする張力が働いている、と考えてみよう。宇宙全体はあらゆる方向に膨張し続けているので、すべての物体は拡散方向に引っ張られていると考えてみるのである。拡張方向に引っ張られる力に対して、その力に見合う圧縮性と構造維持能力が備わったものが物体となる。この条件を満たすものが、おのずと形成された場合には、四面体を基本とする宇宙ができる。フラーはそう考えていた。そうだとすれば微小物体や遺伝子や細胞にも、どこかの段階にこうした四面体構造が組み込まれていることになる。細胞についていては、タンパク質を微小骨格とする維持構造が含まれていることが知られている。細胞を単離してガラス板の上に置くと、ふっくらとした構造が平たく変形する。ガラス板での支えを与えると、その面には張力が働かず、それにあわせて構造が変形する。ゴム板の場合も、類似した変形が生じる。そこに変形可能な四面体の構造があると考えられている。

フラーの当初の構想では、張力と構造部材からなる建造物が考えられていた。三角形、四面体を組み合わせる方向でのドーム型建造物は、既にいくつもつくられている。これは最小の部材による最強の構造物に見合うものであり、大型テントや穀物を収容する大容量建造物にふさわしい。この延長上で、圧縮部材と張力部材だけからなる構造物が、テンセグリティ

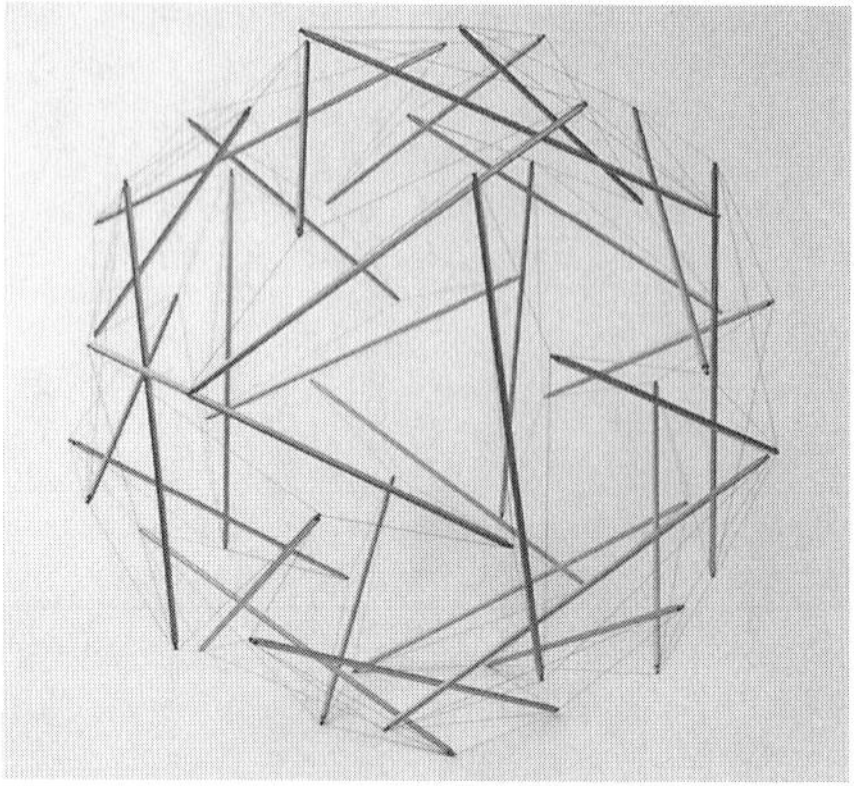

圧縮部材と張力部材だけからなるテンセグリティ構造

である。

　しかし、現実の物理的環境では、それほど強い外力が働かない場面も多く、また球状の物体も、眼球や睾丸のように実際に存在する。サトイモの大きな葉に露がつくと水滴が集まって丸くなる。しかし、完全な球形ではない。少し平たいドーム型である。三角形の構造部材からドーム状になるためには、三角形の構造部材に布をかけるように膨《ふく》らみをもたせるか、三角形から球状に移るための変換回路があるかのいずれかが必要である。

　フラーレンの延長上に、さまざまな多面体がつくられているので、それを取り上げておきたい。ことに多面体と球形を変換させるようなマトリックス変換を組み込んだものがある。このタイプの造形は、マニアのようなつくり手とファンに支えられており、次々と新作が生まれている。柳瀬順一さんは、ジュノ・スピナーと呼ばれる一群の作品をつくり出しているが、この図柄の面白いところは、正一二面体と正二〇面体との変換関係が示されていることである。

＊1　終生、発明家・実業家であり続け、三角形からなる巨大ドーム、最軽量テント、最もエネルギー効率が良い世界物流システムなどを考案した。生活空間と力学とを関連付ける独特の感度を備えていた。アメリカのマサチューセッツ州出身。

＊2　原子・分子のレベルではなく、また、マクロ分子でもない中間の大きさのレベルで、この大きさでは独特の物性が生じる。そのため、このレベルを固有に取り出して特徴付けている。

＊3「ゆらぎ」については最終章「練習問題∞」でも触れる。

＊4　ドイツ自然哲学を推進した中心的人物で、当時の定番教科書ともなった著作を書いた。時代的には、化学、生物学、電磁気学、熱学が開始された、いわゆる第二科学革命期と呼ばれる時期に活動し、力学、天文学のような当時既に精密科学になっていた自然科学とは異なる原理で自然を組み立てた。最も大きな原理は、相反的双極対であり、電気の＋－、磁石のNSのように互いに他を必要とする正反対のものの「対構造」である。

＊5　魚の胸鰭《むなびれ》と人間の手は構造的な配置の上では同一である。では、この構造そのものはどうやって見えてきたのか。現在では由来の側から当たりをつけ、同一の配置をもつものが位置関係を維持したまま変化してきたと説明される。由来関係の経験的知識がまだない頃には、一挙に構造的な基本形が見えていたはずである。そうした基本形への直観が「原型的直観」と呼ばれ、カントが『判断力批判』の末尾近くで人間の能力を超えた能力として位置付けることになった。

＊6　フランスの解剖学者、博物学者。型の同一性を主張したが、基本的には器官の配置関係の同一性を軸にしている。配置の同一性とは、例えば口腔、気管支、胃、十二指腸、小腸、大腸のような器官の並びはどのような動物をとっても同一で、胃の前に腸が配置されることはないことを意味する。

練習問題6　目はいかにして生まれたか——進化のイメージを遊ぶ

どっちが上だかわからない生き物

進化には、人間の知識からではおよそ予想外のこと、驚異的なこと、信じられないことがたくさん含まれている。そのためイメージの宝庫であり、尽きることのないイメージの源泉となっている。しかも、イメージを全力で働かせなければ、とても理解できないようなことが多いのである。カンブリア紀のバージェス頁岩《けつがん》から出てくる化石には、どのような怪獣アニメにも劣らぬ奇妙な形態をしたものが多く、しかも上下の区別がつきにくいものまである。外見上、上下の区別がつかないものは、形態が運動とは独立に形成された可能性が高い。運動するものには進行方向があり、それによって前と後ろが決まり、上下方向の回転運動をしないかぎり、上下も決まる。

クラゲのような腔腸動物は、円形のかたちをしており、傘のように図体を膨《ふく》らませたり閉じたりしながら移動を行う。しかし、上下はあらかじめ決まっている。上下の決まらない形態は、よほど特殊な事情がからんでいると思われる。上下が決まるということは、重力に対して有効な形態をつくれるということである。曲芸飛行のキリモミやスクリューや体操のひねり着地のように、上下方向の回転運動を用いて前に進む動物はいない。その意味で上下を安定させることは、重力に対して最も有効なかかわり方なのである。この点については小さな事件があった。バージェス頁岩化石の復元・解釈を行った古生物学者のチャールズ・ウォルコット[*1]、スティーヴン・ジェイ・グールド[*2]らの示した復元図の動物が上下逆であることが、中国人の科学者たちによって主張されたのである。どちらが正しいのかよくわからないが、そうした選択肢が出現してしまうほどなのである。

一方、植物における重力へのかかわりは、体軀《たいく》を支えることである。根は地中に水を求めて四方八方に広がっていく。ところが地上の体重を支えるに足るような根の張り方もしているはずである。少なくとも地上の体重を支えるに足るだけの根の張り方ができなければ、倒れてしまい、光資源を有効に活用できなくなる。そうだとすると、根は水分を探し出して吸収するだけでなく、地上の体軀を支えるための体重のシグナルを受け取る仕組みを備えているのかもしれない。静岡の三保の松原に巨大な松がある。伸びていった枝を自ら支えることができなくなっており、ツッパリをいくつも付けてもらって満身創痍のような姿をしている。体重を自分で支えることができなければ本来致命的である。

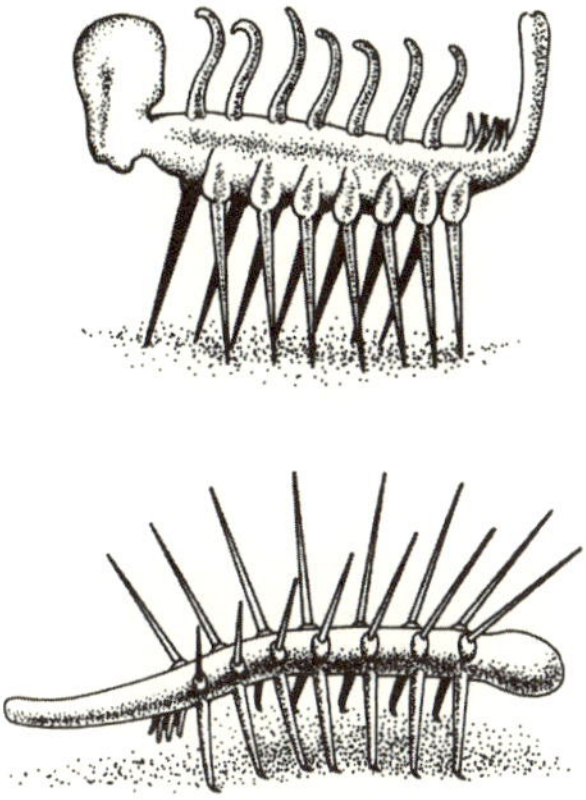

上下の区別がつかないとはどういうことなのか？（モリス『カンブリア紀の怪物たち』より）

動物が陸に上がるための難題

重さを支えるという課題は、進化史上、水中の安定した環境を捨てて、動物が上陸を開始してしまう場面でも重要である。一つだけトピックを挙げておきたい。サンショウウオのような肉鰭《にくき》類が上陸を開始するとき、さまざまな難題に付きまとわれていたはずである（鰭《ひれ》の先端が指状に分かれているのが、肉鰭類の特徴である）。そのさい肺で呼吸できるかどうかが容易にイメージされる課題であろう。ところが肺魚のようにそもそも肺呼吸する魚がいるだけではなく、条鰓《じょうさい》類や肉鰓《にくさい》類は、肺をもっていた。チョウザメのように、この肺を活用しないまま浮き袋に変えてしまったものがいるくらいである。

魚の浮き袋が上陸とともに肺に変わった、というのがダーウィン以来100年以上にわたって信じられていたことである。ところが、これは順序が逆らしい。陸に上がったから鰓《えら》呼吸が肺呼吸に変わったのではない。イルカは肺呼吸しかしないが、水中にとどまり続けている。クジラも肺呼吸だが、一度陸に上がった形跡がある。陸に上がってカバの類縁として暮らしていたようだが、再度海に戻っている。まだインド亜大陸がインド洋の真ん中にあり、ヒマラヤがなかった頃の話である。

むしろ、上陸に伴ってクリアすべき難題は、乾燥と体重なのである。体の表面が常に乾いてしまうなら、水分を大量に体内に蓄えておかなければならない。体内で廃棄物として作られるアンモニアが高濃度になって、尿毒症になるからである。この問題の最終的な解決は、体内で作られるアンモニアを尿素に変換して無毒化することである。オタマジャクシがカエルになるさいにも、水中ではアンモニアを排出していたオタマジャクシが、生理機構を組み替えて、陸上では尿素を排出するようになる。これらは約1億年を費やした生命の上陸戦略の一部であり、上陸は40億年の生命史のなかでも五本の指に入る生命の果敢な企てであった。

陸に上がったとき、浮力がなくなるため、自動的に体重は7倍になる。水圧がなくなり血流を圧迫するものがないから、十分な血液を供給でき、大気中に増えた酸素を活用できる。陸に上がる利点は、身体運動の多様性が一挙に増すことである。行動のパターンが新たな次元に入る。体重の重さを身体運動の多様性に転化できないものは、陸にいる意味がない。そのため再度海に戻ることになる。

「重さ」は、かなり不思議な体験領域である。人間の成人の頭は、平均的には12キログラム程度の重さである。10キログラムの米袋より重い。普段の暮らしのなかで、そうした重さを日々感じることはできない。身体の重さは、外的に測ることと内的に感じることの間には、整合化できないほどの違いがある。また重さの捉え方でも、それを統一的に扱うことができるのかどうか、不明な部分が残っている。宇宙空間で物が衝突すると、重さに応じて撥ねつけられたり、一緒に運動したりする。運動と衝突のなかで定式化される「慣性質量」と、地球の重力に引っ張られて生じる「重力質量」は、歴史的に異なった仕方で定式化されてきた。これらが整合的に統合されているかどうかは、実はよくわからない。

身体運動に直結するのが音である。音感と運動感は、起源は同じである。魚にも水圧の変化を感じとり、仲間と連絡をとったり、敵の動きを感知する仕組みはある。これは圧力を感じとる働きである。上陸とともに圧力だけでなく、音を聞き取る器官が発達する。声の発生と耳の形成と運動の多様化は、同じ一つの事態の三つの面だと考えられる。

ヒトデからイカへの進化のシミュレーション

予想外のことが多いなかで、アイデアだけで新たな事実を見いだせることも、進化論の魅力の一つである。空気中の二酸化炭素濃度は、大気の気温によってずいぶん変動する。二酸化炭素は水に溶けやすいが、水温が上がれば水中の二酸化炭素は大気中に放出されるので、大気の二酸化炭素濃度はかなり変動するのである。

気温が下がって二酸化炭素濃度が低くなれば、植物は生長に必要な二酸化炭素を吸収するために、葉の気孔を増やすはずである。このためには、気孔の総数よりも、葉の単位面積当たりの気孔密度を上げて対応する。植物の化石を詳細に復元し、コンピューターで拡大処理すると、気孔の密度をかなり精確に確定できる。すると化石の分析から、その植物が生息していた時代の二酸化炭素濃度や気温を割り出すことができる。こんな仕方で、多くの先人が集めてくれた化石を使って、新たな変数を設定して分析を行うことができ、実際行った人々がいる。この局面の研究は、既にしてアイデア勝負であり、アイデアさえ良ければあまり労力をかけずに成果を出すことができる。そのチャンスを生かすためには、次々とアイデアを出すためのトレーニングが必要である。

例えばヒトデのように前後がなく、回転運動を行っているものが、イカのような前後の方向のあるものに自力で変わるためには、どの程度の変化の段階が必要なのかを考えてみることにしよう。実際にはヒトデが自力でイカに変わることはまず想定できないが、仮想のトレーニングを行うのである。そうするとどの局面に変化が必要なのかが見えてくる。

　まず、ヒトデに前後をつくり出さなければならない。ところでヒトデの口はどこにあるのか。それは通常は見えない。海底側の中央に口があるからである。口と尻が前後関係になるためには、口が突き出て尻が背後に伸びていかなければならない。これが変化の第一局面である。次にヒトデの5本足が、身体に対して垂直に広がっているのではなく、進行方向前方に伸びるか、進行方向後方にたなびくかの自由度をもたなければならない。これが変化の第二局面である。こうしてヒトデは前後運動までは到達できている。

　するとあとは足の数を合わせていけばよい。ヒトデは5本指で、イカは10本指である。ここは無理をしないで、5本指が根元で二つに分かれたぐらいでも十分である。こんなふうに回転性の運動を行うものを直進性の運動へと変換することは、イメージ[*3]のなかではそれほど難しいことではないことがわかる。しかし、哲学者アリストテレスも解剖学者ジョルジュ・キュヴィエ[*4]も、この二つはどのようにしても移行しえないと考えていた。身体の仕組みや運動の仕方がまったく異なるからである。だが飛び越えにくいと思われている壁も、手順を踏めば、一つ一つはそれほど大きな変化ではないことがわかる。

解決ではなく課題を生み出す「探究プログラム」

　進化の原理のなかに、「自然選択」というものがある。わからないことをほんのわずかわかるようにしたという内容の原理だ。ないよりはマシだが、あったからといってそれによってなにかがわかるようになるわけでもない、という苦しい原理である。この原理の面白さは、こうした原理が設定されたことで、次々と課題が出現してくることにある。こうした設定を「探究プログラム」と呼んでおきたい。探究プログラムの良い点は、第一にプログラムの基本的な仕組みに仮に大問題が残っていたとしても、プログラムそのものは機能する点である。実際、自然選択には、いくつもの問題点がある。しかし、問題点をそのまま探究課題に転化できれば、それはそのままプログラムとして活用することができる。

自然選択には、組織化の場所が設定されている。ある種の個体集団を考えてみよう。いくつかの親から生まれてきた個体である。同じ親から生まれてきても、個体には少しずつ違いがある。両親から半分ずつ遺伝子を受け取るさいに、遺伝子の置換や遺伝子発現部位の違いで、少しずつ差が出るのである。さらに、この個体集団には、すべての個体が生き延びて次の子孫を残せるほどには栄養量が足りない。どれほど環境内に栄養物質が大量にあろうと、しばらくすべての個体を養うことができれば、あっという間に個体数は爆発的に増え、その激増した個体集団にとっては、いずれにしろ栄養総量は不足してくる。あるいは栄養物はいつも手に入るとはかぎらないので、個々の個体はエサがあるときにはあるだけ食べてしまう。必要な量だけ食べるのではなく、あるだけ食べる。少数だが、食べ過ぎて死ぬ個体もいる。生き残るものと死んでしまうものが、おのずと区別されてくる。

この二つの仕組みを設定すれば、個体集団の平均的な形質がおのずと少しずつ変化してくる。生き残るものはおのずと決まり、生き残った個体集団の中央値の形質は、いずれにしろ変化していく。これが微小変異の蓄積であり、微小変異は十分な時間をかければ、やがて出発点での平均形質とは似ても似つかぬ場面まで進んでいく。この仕組み自体は、自己組織化[*5]の一つのタイプを示しており、個体集団での個体の微小変異と個体の生き残りを統計的に処理すると、集団全体の平均形質の変化となる。この場合、個体集団での生き残りの条件は、他の個体よりも旺盛に飲み食いでき、敵から逃れるための身のこなしが巧《たく》みで、たくさんの子孫を残せるほど精力絶倫であればよい。そして、この三つがあれば、生き残ることができ、通常それは「適者」と呼ばれる。

そうしてみると、この三つ以外の条件にかかわるものは、普通適応の範囲には入らない。例えば認知機能は、生命体に固有の機能だが、この三つの条件には直接関与しない。そのため機能の裾野を拡張するように解釈を行って、この三つのどれかに結び付けて生存適合的な機能だという理由づけがなされる。例えば目の形成のような認知機能の出現は、この三つの機能には直接関連しない。そこで、どうしても認知機能を生き残りにつなごうとすると、外敵をすばやく細かく見分け、敵から逃れるために、認知機能を活用しているというような議論になりがちである。

目の仕組みの三つのパターン

具体的に目の進化的形成について見てみよう。目の専門家は世界にかなりの数いて、それぞれ形成史を論じている。そのなかから基本的な目のパターンだと思われるものを取り出してみる。目の出現は、何度か異なる回路で試みられた生命史の果敢な挑戦なのである。

光は、地球にもたらされる最も豊かな資源であり、この資源の活用は世界を見るというような認知的活動から始まったのではない。植物は光をエネルギー源として活用しているが、動物にとっては光の活用範囲は当初から限定されている。クラゲには、既に眼点のような器官がある。眼点は黒い色素からなる感光面のような小さなくぼみである。光への反応を上げるために、光を集約していく器官が、原始的なレンズである。クラゲのほとんどは、まだレンズをもたない。眼点が複数個でき、それらが集まってやがて目の前史となる。

これはごく一般的な推測である。クラゲの感覚器には、既に重力、触覚、化学物質、圧力、温度などを感知する受容器表面が形成されているが、目の形成はずっと遅れる。光を感じとるだけでは、目という器官の3分の1の働きしかしていない。光を感じとり、そこから像を結ぶまでの仕組みができ上がって初めて目となる。クラゲの段階で仮に光への応答が生存価値をもつとすれば、敵から逃れるさいに、敵を察知することがいくぶんか早くなるぐらいである。逃げ足が速くなるためには、この光への反応から運動機能につながる回路が準備されていなくてはならない。

最初の目といえるものは、軟体動物に広く見られるもので、一つの目で視覚像を成立させる単眼である。単眼は大別して三種類の仕組みに分けられる。一般に光を集め、焦点を絞るための仕組みがあれば、光情報を捉えることができる。それが目と呼べるかどうかは別にして、光情報を捉える器官にはなっている。もっとも目がないまま皮膚感覚で光情報を捉えて

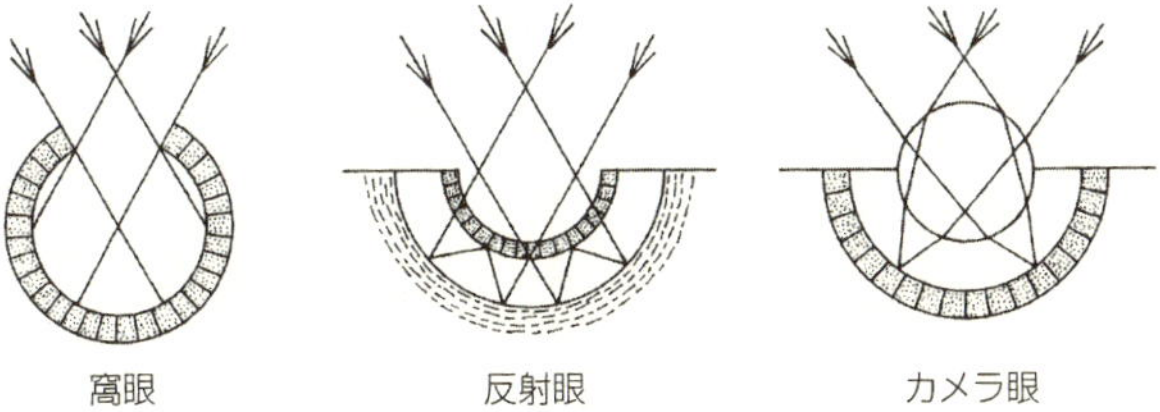

目の仕組みの三つのパターン（パーカー『眼の誕生』より）

いるものも節足動物には多いので、視覚像を得ること自体は、目の前史だと考えておいたほうがよいかもしれない。

第一にオウムガイに見られるレンズを用いない目（原始眼）である。レンズがなくても目は成立する。いったいどのようにしてか。レンズは光を集める器官だから、別の仕組みで光を調整できればよい。つまり光を通すスリットをごく小さな穴にして、穴の先に像を結ぶような感光面を置くのである。田舎の家屋には木製の雨戸《あまど》が残っている。よくそこに小さな節穴が開いており、雨上がりの朝は、そこから光が差し込んで、壁に光の円をつくり出していた。この光の円の位置に感光面があれば、十分目として機能する。この小さな穴の大きさを調整できれば瞳孔の開閉になるが、瞳孔の開閉ができなくても、光の量は大まかに調整できる。例えばこの穴の向きを変えて、つまり光に対しての身体の向きを変えることで、光量を調整するのである。だが、むろんこの方式には、一般に大きな限界がある。光を多く取り入れれば、すべてが明るくなって像はボケてしまい、光量を少なくすれば全面が薄暗くなってしまうからである。

そこで第二のものとして反射光を用いる仕組みを備えた目が出現する。光を集めるさいに反射光を活用するのである。衛星放送のパラボラアンテナは、凹面の器と焦点の位置に置かれた目からなっている。凹面の器は、場合によっては家庭用の中華鍋を用いてもよい。光を集めて焦点をつくりだせればよいからである。この凹面とレンズの組み合わせで、いくつかのタイプに分かれる。この場合にも、必ずしもレンズは必要ない。凹面で光を集めて、網膜(感光面)に直接焼き付けても像はできる。そこで、凹面そのものに直接網膜が備わった窩眼、凹面の部分と網膜部分の分離した反射眼、そして、凹面で集めた光をレンズに通すカメラ眼に分かれる。基本となるのは凹面で光を集めて焦点を結ばせる方式で、これ自体はすべての反射望遠鏡に組み込まれている仕組みである。

第三の仕組みは球状のカメラのような目を備えたもので、巻貝に多く見られる。瞳孔を通る光を虹彩によって調整している。この球状カメラ眼が脊椎動物に広く継承され、目の標準装備になった。だが、ここにも多くの細かい違いがある。魚の目はほとんど球形であり、球状のレンズでは周辺を通過する光と、中心部分を通過する光とでは、異なったところに焦点を結んでしまう。これが球面収差と呼ばれるものである。実際、現在用いられているカメラは、扁平の凸面レンズをいくつか重ねており、中心部と端が同じ位置に焦点を結ぶように工夫されている。だが魚の目のレンズは、ほぼ球形である。焼き魚を食べるさいに確認してほしい。とすれば、なにか特殊な工夫があるにちがいない。どうしたらよいのだろう。今日の研究によれば、球形の目は、さまざまな屈折率の異なる物質からつくられているようである。つまり不均一レンズを用いている。中心を通るほど光の屈折率を大きくし、進行速度が遅くなるような素材で目ができているのである。周辺ではほとんど屈折せず、速度も維持され、中心近くを通る光は、速度が遅くなって、網膜に同時に到達するようにつくられている。

　陸上動物の目では、空気が稀薄な媒質であるため、目の表面で光の大きな屈折が起きてしまう。そこで屈折を調節するための角膜が大きな役割を果たしている。ここから先の進化史には、像を鮮明にするための詳細でさまざまな仕組みが見いだされる。主なやり方は、角膜とレンズの形状を変えたり、レンズの位置を変えたりすることで、焦点を合わせるのである。実際、眼球周辺の筋肉を使ってレンズのかたちを変えるものや、カメラのようにレンズの位置をずらして結像を調整しているものもいる。人間のなかにも眼球周辺の筋肉を使って、デメキンのように眼球を前に出せる人がいる。ただし、この場合はデメキン状態で物がうまく見えているとは思えない。また眼球が細い枝のような筋肉の末端に付いていて、眼球そのものを四方八方に移動させることができる動物もいる。この場合には、レンズの向きを変えているのである。

トンボの目でどうやって見ているのか

　これらに対して複眼は、一つの目の器官のなかに「個眼」と呼ばれる小さなたくさんの目が備わっている。トンボの目が典型で、この方式は甲殻類や昆虫に広く見られる。一つ一つの個眼は目の機能だけでなく、むしろ、分布した個眼の間を光が通り抜けることで屈折率を調整している。眼球内の個眼の密度に勾配をつけて、中央の光の速度を遅くし、全体としてまとまった像をつくる仕組みである。

複眼で連立像を形成する場合には、それぞれの個眼は独立にそれぞれの方向の環境を小さな像に結び、それらをジグソーパズルのように結び合わせて全体像ができ上がるとも言われている。これは「連立像眼」と呼ばれるもので、部分を寄せ集めて全体をかたちづくるという発想がベースにある。しかし、部分像をつくって、それをパズルのようにまとめていくためには、それぞれ個別の像を形成する以上に、はるかに精密で複雑な神経システムが必要であるにちがいない。こうしたシステムを前提にして目の仕組みを考えてしまうと、本当は解くべき問題の大半をあらかじめ前提にしてしまっていることがわかる。人間の目でも、両眼で別々の視野を捉え、それを統一像になるように統合しているが、片目を閉じても世界が半分になるわけではない。

これとは別に重複像眼という仕組みも知られている。それぞれの個眼は独立ではなく、個眼に入ってきた光は重ね合わされて、最終的に一つの位置にまとまってから像となる。この光をまとめる仕組みの代表が密度勾配である。だが密度勾配以外にも別の仕組みがあり、それぞれの個眼の内壁が鏡となって、反射する光の向きを変え、全体として一つの位置に焦点を結ぶようにしたものもいる。カンブリア紀初期に出現し、またたく間に世界を制覇したのが三葉虫である。三葉虫が目を備えていたことははっきりしており、それは複数のレンズを重ねて遠くにも近くにも焦点を合わせることのできるような目だったと言われている。
こうして目の仕組みを見てくると、これらは系列的に発展してきたものではなく、複数の異なる回路で進んできたと考えるのが妥当な線だと思える。大別しても四種類、細かく分ければ八種類もの目の仕組みがあることがわかる。これらの分岐やそれぞれの改良のプロセスを直接生存に結びつけて説明するのは難しい。では、目の誕生をどう考えたらよいのか、選択肢にしてみる。実はそれぞれの選択肢には、いずれも難点も利点もある。

目はやはり「見るために」出現した

(1)世界を見るために目はおのずと形成されてきた。目は自らの本性に従って、世界を見る器官へと自らを形成した。この立論は、最も古くからあるものであり、進化論以前の目的論に分類される。目のような精巧な器官ができるさいには、途方もない技法が働くはずであり、それは目の本来のあり方に対応している。——こうした説明のどこがおかしいのか。生成という点では、生命体はなにかへと向かう本性を備えている。それが意志とか志向性と呼ばれるものである。確かにそうした本性が生命体の生成プロセスを方向付けることがあってもおかしくないように思われる。
しかし、こうした議論は、生成の順序でいえば、後に形成されるものをあらかじめ前提にする「生成的論点先取り」である。論理的には、導かれるものがあらかじめこっそりと前提に組み込まれた論点先取りだ。だが、この点をやや甘くみれば、ある時点で形成されるものは、それぞれの段階で既に形成されてきたものによって制約される以上、なんらかの形成傾向をもつ。大ジカの角が大きくなっていけば、やがて身動きを妨げるほど大きくなってしまうことがある。形成の方向には、たんなるランダムさには回収できないほどのものが出現する。このとき角は大きくなる方向でおのずと形成されていくと考えれば、再度目的論に戻る。

そこで既に形成されたものが、次の特定の選択肢を出現しやすくする度合いと、そこからの形成のモードを考えれば、こうした局面に見いだされる事例は、自己組織化の課題となる。目的論的説明は、もともと生命に備わる本性的な傾向に基づいている。そのため何度でも、繰り返し歴史に現れては消えるのである。だが形成されたものをあらかじめ前提にしているという論理的な循環の問題点よりも、目的論的な説明はあまりに多くのことを説明し過ぎること、あるいは裏側からいえば、問いが少な過ぎる点に難点がありそうである。進化論のようなマクロな事象では、説明よりも、むしろ問いを立てる課題を設定することのほうがはるかに重要である。

突然変異で現れたが生存に適していた

⑵目は偶然（遺伝的突然変異）によって出現し、出現したものが生存適合的であることによって、生き残ってきた。これはネオダーウィニズムの典型的な説明例である。新たに出現するものには、決定要因はない。決定されて出現するものを、通常新たなものとは言わな

い。偶然出現したもののうち、生き残り続けるものが、選択的に生き残った適者であることになる。これが突然変異と自然選択を組み合わせた進化論の主流の説明様式である。この議論の組み立てを少し細かく見てみよう。新たな器官の出現には決定要因はない。しかし、決定されていないことと、ただの偶然との間には広大なすき間がある。物事の出現に対して偶然だと言うことは、それ自体でみれば無知の別名である。

生存か死かは、適者であるための多くの条件のなかで、適していることの内容を決めるためには、最も具体的内容の乏しい条件でしかない。その意味で「大外《おおそと》の条件」だと呼んでおこう。確かに生き残らなかったものは、いずれにしろ適者ではない。しかし、生き残ったものは、さまざまな理由で生き残ったのであり、目が生存適合的だから生き残ったことにはならない。敗北の原因は決定できるが、勝利の原因は決定できない。少なくとも目がなくても生き残っている膨大な生物種がおり、目があることは生存に有利だとは必ずしも言えない。目があり生き残っている場合でも、かろうじて死に絶えないだけのものから、旺盛に繁殖を繰り返し栄えていくものまで、膨大な広がりがある。死なないで生存を続けるという大外の最低条件から、特定の器官の出現を導くことはできない。また、偶然出現した器官が、結果として生存適合的であるかどうかも判定できない。大外の条件は、なにかを説明したのではなく、具体的な課題が見えてくるための議論の枠の設定に近いのである。

自己組織化によって形成された

(3)自己組織化による解釈。一般に選択圧のかからない場面でも形成運動は起こる。これらの形成運動の結果、形成されたものが生存にまったく不利であれば直ちに消えていく。生きているかぎり形成されたものは適応していることになるが、形成運動は環境条件に適応しようとして進行しているのではない。形成運動にはそれぞれ固有の回路があり、それらは固有の形成プロセスを経る。このプロセスの解明は、自己組織化をモデルにして行うことになる。それが一般に「選択なしの進化」と呼ばれるものである。だが、こういう言葉は誤解を招きやすい。選択によって進化したのか、選択とは独立に進化したのかは、本当のところ二者択一のように同じ平面にある問いではないからである。自己組織化によって形成されるものと、環境への適応との間にはかなり大きなすき間がある。適応は現状の安定性の理由の一つを示しているが、現状へと至る形成プロセスはまったく独立の問題だったと考えるのが実情に近いのであろう。つまり自己組織化では、自然選択は自己組織化によって形成されたものを適、不適にふるい分けるだけの排除要因の一つにすぎなくなる。

“すき間”をあえて残した定式化

こうしてみると自然選択の仕組みが、どのような規則性を設定したのかを考えてみたくなる。これは科学哲学の課題である。ダーウィンの設定した仕組みは、そこから持続的に探究が続いていくような優れたプログラムの設定だった。だが、この場合プログラムというのは、ガリレオやニュートンが設定した通常の科学理論ではない。ダーウィンの進化論の基本骨格は、生き残るものはあらかじめ決まっているわけではないが、生存プロセスのなかでおのずと生き残るものは決まってくる。このことを骨子としている。この生存プロセスが「生存競争」と呼ばれ、生き残ったものが「適者」と呼ばれる。物理的な理論と対比してみると、「適者は生き残る」という標語は、生き残ったものが「適者」なのだから、「生き残ったものは、生き残る」という同語反復の理論であることになる。こうしたことから初期のカール・ポパー[*6]は、ダーウィン進化論は似非《えせ》科学にすぎないと言っていた。実は初期条件と、結果との間にはすき間があり、このすき間を圧縮して消してしまうと、見かけ上この同語反復が生じる。

ダーウィン進化論の本当のエッセンスは、このすき間をすき間のまま定式化したことにある。初期条件を設定すると、そこから生き残るものは結果としておのずと決まる。このおのずと決まる仕組みとして、(1)生き残ることのできる以上に子供は生まれる、(2)生まれる子供には少しずつ違いがある、(3)生き残るものは、環境条件により適したものであるという条件を設定する。そして、個体集団の数世代の推移を考えると、個体集団の中央値の形質は、少しずつ変化していく。この少しずつの形質の変化の蓄積が、やがて種の変化になるという設定である。すき間のある構想では、実はこのすき間の部分にさまざまなものが入る。生まれてくる子供に少しずつ違いが生じる場合にも、ランダムに違いが生じるのではなく、雌雄間の選択（性選択）が関与する。カエルでも繁殖期には、声のど太い図体の大きなオスに向かってメスは突進していく。こうした本能的動作は、次世代の個体の違いに関与してくる。そのため理論構想は、どんどん手直しされ、当初の設定からは似ても似つかぬものとなる。だが、探究プログラムはそもそもそうした本性をもっているのである。

＊1　地質学者、古生物学者で、かつ研究機関の指導者としても活躍し、スミソニアン研究所の所長を務めた。カナダのブリティッシュコロンビア州のバージェス頁岩の化石を大量に収集していたが、あまりに多忙なため十分な時間を割いて研究することができなかった。日記や詳細な業務日誌を残しており、データ収集と管理は彼の生活そのものでもあった。

＊2　古生物学者、進化生物学者で、ナイルズ・エルドリッジとともに進化の「断続平衡説」を主張した。進化論では、決定的なポイントをつく嗅覚とそこから議論を展開するさいのバランス感覚が必要となる。その両方に優れた才能を示し、一般向けにも多くの著作を書いている。この啓発的著作のスタイルは、少々知識があれば誰にでもできそうに思えるが、類似した企てがほとんど成功していないところをみると、名人芸に近いものがありそうである。

＊3　ギリシアの哲学者。哲学の基本概念の多くをつくり出した人で、質料－形相、階層関係、可能態－現実態のように現在なお基本的な関係として用いられているものが多い。また、失われた著作もあるのではないかと考えられている。例えば『悲劇』の分析に続いて『喜劇』を書くと記されているのに、それが現在まで見つかっていない。記号論学者のウンベルト・エーコは、その事実をうまく活用して『薔薇の名前』という推理小説のなかで、中世の教会で『喜劇』が発禁本になり、やがて焼失してしまうというストーリーを描いた。

＊4　ラマルクと同時代の解剖学者で、比較解剖学の確立者。フランス・アカデミーの幹部の一人であり、

型の理論を展開した。動物には基本的に四つの型があり、それぞれの間には移行はありえないと考えていた。機能統合という考えを重視し、機能維持に器官は従属すると主張した。

＊5　「練習問題4」注＊4を参照。

＊6　オーストリア出身の科学哲学者。初期には「反証主義」という創造的な仮説設定の仕組みを提唱した。反証主義は、大胆な仮説を提示し、それを反証してできるだけ速やかに放棄し、さらに新たな仮説を提起することを骨子としている。しかし、大胆な仮説はそう簡単に生み出せるものではなく、大胆な仮説を提示しようと決意すればそれで生み出せるほど単純なものでもない。ポパーは現行の科学をさらに進めるために、とても多くの仕事を行った。ただし、精密科学を基本モデルにして方法を組み立てており、複雑系の科学のような局面では、そのままでは応用しにくい。

練習問題7　スチュアート君の指先——身体表現の可能性を探る

チーム一の松井の特徴とは

かつてニューヨーク・ヤンキースの一員だった松井秀喜選手の身体的特徴で、チーム一、二を争うようなことがある。

ビッグ・トップと呼ばれる頭の大きさのことではない。確かに大リーガーのなかでも頭は大きいほうだと思う。だが、それは誰であれ見た目でわかる。信じられないことだが、松井の体重はチーム一、二を争うのである。アメリカの公式記録だから、少々割り引いて考えなければならないが、それでも十分重いほうである。ヤンキースの5番を打ったジェイソン・ジアンビの上半身はまるでプロレスラーのようで、鍛え上げた腕っぷしで軽々とスタンドのアッパーデッキまでボールを運ぶ。見た目にもジアンビは巨漢である。松井は、実は彼と同じくらい重い。また、松井よりも身長も肩幅もある3番アレックス・ロドリゲスよりも、10キロほど重い。だが、見た目には、まったくその体重の気配さえない。しかも、松井の動作、振る舞いにもその重さを感じさせるものはなにもない。

もともと体重の増える体質で、野球少年時代の松井選手をビデオでみると、ほうっておくとふっくらしてしまうタイプのようである。それは松井自身の両親の体形からも、なんとなく推測できる。おそらくこの体質を、常識を超えたほどのトレーニングで、見た目にもすっきりした体形に維持しているのだろう。問題はそのトレーニングの内実である。プロの選手であり、相手のある競技だから、自分のやっているトレーニングの全貌を公開するようなことはない。それは当然のことだ。たとえ素振りを繰り返していると聞かされても、素振りでなにをやっているのかは言わないはずである。また、あの水準のプロになれば、素振りという行為のなかで見えているものは、それと告げられても、おそらく素人にとってはただの憶測の域を出ないであろう。ただ推測の範囲でわかることは、一つ一つのボールの軌道に対して、それを捉えることのできるスイングのイメージと内的運動感覚[*1]（キネステーゼ）のカップリングがきっちりでき上がるまで、素振りを繰り返しているだろうということである。カップリング[*2]というのはシステム論の用語で、異質な二つのシステムが連動している状態を指す。

もともと松井のバットコントロールには、イチローのような天性の柔軟さや自由度はない。それでもほとんどの球種に対応している。球にバットを当てることの〝つくり〟が、松井とイチローではまったく別のものに感じられるのである。

イチローは身体の対応可能性と認知

イチローの場合、ひどいボール球でもバットに当てて、内野に転がすことができる。ホームベース前でワンバウンドしたボールでも打ちにいくことがある。実際、ワンバウンドしたボールを当てて、ライト前にヒットしたことがある。その範囲のボールが、身体運動的に対応可能な認知のなかに入っている。そのため身体がおのずと反応してしまう。身体による対応可能性と感覚的な認知が、イチローのスイングの範囲を決めている。そのためイチローはボールを目で見るのではなく、ボールを「身体で感じる」のだと言う。しかも、外角の球でも、腰を引いて体勢が崩れたまま、まるでテニスのラケットの面を作り、角度だけで球を打ち返すような対応の柔軟さを備えている。

それは他のバッターには見られないもので、従来のバットの活用法のなかになかったものをイチローは発見して、実行可能にしたのである。それをバットコントロールの自在さが支えている。打つという動作が、ただ当てることから強くたたくまでの広がりをもっていて、感覚的認知と身体行為とのカップリングの回路がいくつもある。それがイチローのバッティングである。イチローもプロだから投手の配球パターンは読んでいるはずだが、先行する読みに合わせて予期動作をつくっているのではなさそうである。むしろ、そのつどボールへの対応可能性を最大限広くとることで、可能なかぎり多様な安打を生み出しているのである。

イチローの場合の問題は、身体の反応性と感覚的認知の連動がずれてくる場面であろう。夏場で疲れが来ると、疲れは神経の記憶とは異なるモードでの記憶となって、身体の動きを調整してしまう。人は疲れという身体からのシグナルのおかげで適度に休むことができる。ところが、疲れのさなかでの神経は、むしろ敏感に反応するようになる。感覚的認知で対応可能な範囲に入っているボールに対して、筋肉は対応できなくなるのである。

松井は予期のなかの身体イメージを活用

これに対して、松井秀喜の投球への対応は、先に触れたように徹底した素振りで形成された、予期[*3]のなかでの内的運動感覚のイメージで行われているように見える。内的運動感覚での松井固有の打てるゾーンをもっているらしく、そこに来ないボールには、ほとんど手を出さない。ある運動感覚が実行できる範囲の球にしか反応しないような、予期が形成されている。そのためフォアボールが極端に多くなる。試合後の松井へのインタビューで、今日は打てる球が来なかった、というコメントがしばしばある。とすると松井の試合でのパフォーマンスは、常日頃行われている、イメージと内的運動感覚のカップリングの形成の氷山の一角だけが表現されたものであることになる。

　運動感覚的な認知は、通常の知覚の範囲内にはない。知覚は対象がなんであるかを知る能力である。知る能力を手がかりにして初めて身体が動くというのは、よほど運動神経が鈍いか、頭でっかちな人間のただの誤解である。思考は知ることを本性としており、物事を確定することを本性としている。だが、**身体はそれ自体で動くことを本性としており、思考でいくら思い描いても身体の動きにはつながらない**。仮に身体について思考で考えようとすれば、考えたことはすべて正しくとも、ことごとく身体とはすれ違ってしまう。これは不思議な感じである。考えたことは、思考の範囲ですべて正しいにもかかわらず、それ自体が身体の本性とはすれ違ってしまうのである。

身体運動における知覚と予期

知覚とは実践的には、予期である。動くものを捉えるさい、知覚はあるものを「それとして」捉えてしまっている。だが、動くものを捉えているかぎり、この知覚は誤った現実を捉えていることになる。捉えたと思った途端、ボールは既に動いているからである。これは自分で歩行する場合でも同じで、歩行しながら自動ドアまでの距離をそれとして捉えているが、その捉えた身体は前に進み続けているのだから、捉えた途端にずれている。だから知覚は、対象を際限なく追跡し続けることになる。これが対象認知での知覚の説明である。

ところが行為の場面では、こんなことは起きておらず、行為の継続可能性や、行為の達成に知覚がつなぎとめられるだけであり、知覚を予期として活用している。予期されたデータに、感覚情報や身体運動感が接続されて、行為がなされている。しかも、この予期には、イメージが多く含まれている。**動くものを捉えるさいには、知覚は常に現実から外れるのだから、そのときイメージの助けを借りて、予期や予測を形成しているはずである。**

しかも、この身体運動のイメージと運動の内感のカップリングがさまざまな調整能力をもたらしている。この調整能力こそ、行為の自在さを生むものである。松井秀喜の形成しているものは、おそらく自分の全身の動きについてのイメージであり、そのさい同時に伴う内感、さらにはスイングのさいのバットが空気を切る音の複合である。音だけは、外からやってくるように聞こえる。それが行為の結果を知る手がかりとなる。

松井とイチローは、国際標準で生き残っていくさいに、自分の能力を最大限に発揮するための二つの典型的なシステムを示している。自分の基本は頑固に維持し、外国で必要なものを随時取り込んで対応可能性を広げるやり方と、自分のもっている最高の能力の活用の場所を新たに見いだしていくやり方である。それぞれから学べることはとても多い。

身体表現としての詩

舞踏家で演出家の勅使川原三郎さんは、世界第一級の芸術的表現を与え続けてくれるだけでなく、世界各国で身体表現の教育プログラムも行っており、実際に話してみて最も楽しいタイプの人である。話の内容が楽しい話題に満ちているだけでなく、言葉に対する感度が、異なるところから出てきている。彼は文章を書き続けている間に、おのずと詩のような文章になってしまう。何度やっても、おのずとそうなる。つまり天性の詩人でもある。勅使川原さんは、身体を動かし、身体を形成する言葉を語ることができる。しかし、それは言葉によって動作を指示し、身体動作を誘導するような言語ではない。そんな言語であれば、体操のインストラクターのそれである。むしろ、動かすということが本来どういうことなのか、さらに一歩進めて身体の可能性を広げるとはどうすることなのかが、おのずと経験できるような言語をもっている。それぞれの人の身体表現の段階に応じて、いまその人になにが必要なのかを見極めるまなざしと、その一歩先へと身体行為を進める手がかりになるような言語をもっているのだ。

劇団KARAS[*4]の熟練した踊り手の一人を見て、うまいのだが、そのまま踊ると「小さくなり過ぎる」と言う。これは単なる教育的なまなざしではなく、その人の能力をどうすれば最大限に発揮できるかを見ているまなざしである。そして、通常のエクササイズが、能力を発揮するために有効に働かないことを見抜いているまなざしでもある。こうした局面は、記述的な言葉で語ると、膨大な繰り返しを含むような文章にしかならず、ほとんど意味不明な言葉に満ちてしまうかもしれない。つまり現状の説明が求められているのではなく、現状を変えていくための事情説明が求められているのでもない。

身体動作では、少々レベルや領域が異なるものの、こうした言語をもっている人がいるようである。ゴルファーの青木功さんには、調子を崩したプロがスイングを見てもらうことが多いらしい。しかも、直ちに的確なアドバイスをくれるようで、アメリカからの帰国の飛行機のなかで相談をもちかけると、機内の通路でスイングをさせるという。野球の先発投手が突如乱調になったとき、ピッチング・コーチがタイムを取ってマウンド上で指示を出していることがある。このときいろいろと説明をしている風はない。二言、三言言葉をかけているだけである。それでもピッチングの局面が変わり、見違えるように立ち直っていくことがある。こうした言葉は、**行為の組織化に手がかりを与えて現状を変えていく言葉**であって、日頃は気づかないまま見過ごされていることが多い。

それ自体で空気になっていく動き

勅使川原さんの舞台では、印象に残っているものがいくつもある。一つは『Absolute Zero』（一九九八年初演、世田谷パブリックシアター）で、この頃から身体表現だけでなく、演出家としての才能が前景に出てくる。作品も大型で細かく構成されたものが多くなり、四部構成の作品のそれぞれの部で身体動作の速度を変えて、まるでシンフォニーのように演出していた。動きのなかにも、柔らかく透明感のある身体動作が多くなり、身体を通じて空気を動かすだけではなく、それ自体で空気になっていくような動きが目立ってくる。

さらに『Luminous』（二〇〇一年初演、シアターコクーン）は、光を活用するためにいくつもの鏡を置き、陰影の交代の反復によって、光と闇への感度の裾野を変えてしまうような作品だった。この作品は、勅使川原さんのなかにある、ある資質が極限的に拡大されたようなところがあると思う。分裂性で、しかも動きのモードはメランコリー性になるという、とても興味深い気質が作品全体に出ていた。あるとき彼に、「マッチを1本擦ると足が2倍になり、マッチを2本擦ると腕が2倍になり、マッチを3本擦ると体幹は2倍になり、……そうしてマッチを10本擦って、僕は世界の救済のために出かけていく」という話（ある精神疾患患者の症例のなかの言葉）を伝えたところ、間髪をいれず、それが自分の世界だと言っていた。**反復のなかでそのつど局面を更新していくプロセスが、ここでの基本である。**

彼の身体動作には、機械状の動きと柔らかく透明な動きが含まれている。前者は重力を感じとる人形の延長上にあり、ときにとてもコミカルな動きとなる。重力と遊ぶということが、こうした動作で初めて成立したのである。だが、この遊びのなかにも紛れもなく探究がある。身体を骨と関節だけにしたような動作で、身体で物理学を実行すると、まさにこうなるというような動作である。物理学は、位置と速度、もしくは加速度を指定するようなある種の理念空間を用いている。こうした空間に代えて、身体そのものとのかかわりで物理学を実行することができる。そのためこうした動作を、かつて私は「舞踏物理学」と呼んでみた。また、流動する透明な動きは、生体生理学と呼ぶべきもので、身体動作のなかにそのまま血液の流れが浮かんでくるようなものである。静かな動きはどこまでも透明になるという不思議な性質を備えていて、不透明な分厚い肉体があらわになることはまったくなく、血液や体液の流れはかぎりない表面でそのまま身体動作になっていく。この身体は、内発（内的出現）する身体とも、熱狂する身体とも別のものであり、むしろ、動作を通じて身体に科学的まなざしを向けているのに近い。

発語と身体動作の間の深く豊饒な溝

『ガラスノ牙』（二〇〇六年初演、新国立劇場）では、さらに名人芸の工夫が導入されていた。この作品は、舞台の前景に帯状のガラスの破片を置き、光の乱反射を活用するとともに、その上を歩くことで、ただ歩くことのなかに忘却されていた身体動作の緊迫感を呼び戻していた。最も大きな工夫は、動作をささやきとともに行うことである。身体動作と言語の関係を言語から規定することはできない。誰しも言語が語られる環境のなかで成長し、言語のない個々人の履歴を考えることはできないが、にもかかわらず言語や発語が身体動作にどのように関与するかを決めるのは難しい。おそらく多くの場合直接的なつながりではなく、イメージを介したつながりになっているように思える。

例えば「後ろ向きに歩く」という動作語に応じて、その動作をイメージすることはできる。そのイメージを手がかりにして、実際に後ろ向きに歩くことはできる。こうした事情であれば、言語と動作のつながりは明白である。しかし、「光の裏側」や「重力の内側」のような語は、イメージしても動作からはまだ距離がある。動作語ではないので、仮にイメージしたとしても、どういう動作をしたら動作したことになるのかがわからない。

また、イメージを介した動作とのつながりではなく、なんらかの言語音声を手がかりにしている場合もある。初めて歩行できるようになる幼児には、手をたたいたり、「タッチ、タッチ」とか「イチニ、イチニ」とか「ハイヨ、ハイヨ」とかの語で呼びかけていることが多い。これらは意味やイメージを介して働きかけているのではない。**言語と身体動作との間には深い溝があり、容易にはそれがなんであるかは明確にならないが、**だからこそさまざまなアイデアを導入できる。

焦点化から自由になる場面で滑らかな動きが出てくる

動作とともにつぶやきを導入してみる。このつぶやきは意味をもつ必要はなく、また、意味をもたないほうがよい場面もある。つぶやくことは、たとえ意味を欠いていても動作から余分な緊張感を取り除き、動作そのものに発語によるリズム性を与える。なによりも動作に並行して進行する行為を導入することで、**志向的に動作に注がれてしまう焦点化を避けることができる。**そして、このことは動作の成立にとって、とても重要な意味をもっている。例えば片麻痺のリハビリテーションで、伝い棒を用いて歩かせようとするとき、患者は歩く動作に過度に集中し、一つ一つの動作を全力でやろうとしてしまうことが多い。これは全身に力が入ってしまった状態であり、実はうまく動けず、動くことの修得にもふさわしい状態ではない。

全力で努力する方向には、志向性の本性上向かいやすいが、そこからワンクッションおく方向へは容易なことでは誘導できない。意識には過度に集中する方向への自然なバイアスがある。だが、身体は、意識の志向性に見合うように動いてはおらず、焦点化から解き放たれるような場面で、一挙に滑らかな動きが出てくる。これは動作の基礎的な部分に入り込んでいる鉄則である。勅使川原さんは、さらに動作を複線化する働きも導入していると思われる。

彼がもう一つ導入していたのは、動作の各箇所で躊躇を感じとる動きである。滑らかな動きにも、それぞれの動作に躊躇を感じとってみる。身体動作はひとまとまりの動きの単位をもつ。動作には、それが分割されれば別のものになってしまうような動作単位がある。また、それぞれの動作の接続点は、動作選択の分岐点になっている。通常用いていない動作単位はたくさんあり、彼はそうした動作単位を次々と発見して身体の別の可能性を示している。しかも、膨大な稽古の結果、通常用いない身体動作もとても滑らかになるところまで確保できている。そして、そこからさらにもう一歩進むのである。ひとたび確保された動きの分岐点で、躊躇を感じとるのである。この躊躇はガラスの破片の面を歩くさいにも、個々の動作に含まれている。躊躇し動きがぎこちなくなるというのではない。また、個々の動作にそれぞれワンクッションおくというのでもない。むしろ、逆に滑らかな動作のなかに、さらに滑らかさの起伏と呼ぶべきものが出現する。

水のような環境となって行為の自在さを誘導する

他方、教育プロジェクトS.T.E.P.では、視覚障害の少年スチュアート君を参加させていたことがある。スチュアート君は、生まれながらの全盲で、満足なリハビリテーションも受けてこなかった。最初は頭の上に手を挙げることも難しかったようである。実際生まれながらの視覚障害者にとっては、頭の上になにがあるかはわからない。恐る恐る手を伸ばしてみるよりない状態である。おびえて伸びないスチュアート君の指先に、勅使川原さんが手の平を接触させ、接触させたまま手の平を引いていく。すると波打ち際の引き波に引っ張られるように、スチュアート君の指が未踏の空間のなかへと伸びていく。このとき勅使川原さんの手の平は、ちょうど水泳を覚え始めた子供にとっての水のようになっている。おびえた子供の身体の動きに応じて、水は自在にかたちを変える。強く蹴られれば跳ね返し、子供が腕を緩く回せば回転に応じて身体の周囲の流動性となる。

そうした身体運動の環境のようになって、勅使川原さんは身体運動の可能性を引き出していく。身体運動の環境になることは、言葉で言えば簡単そうに思えるが、膨大な熟練を積まないかぎり実行できはしない。動きを誘導しようとして外から強制力をかけてしまうのが普通で、これを通常治療的介入と呼んでいる。この場面も部分的には必要とされるが、基本的には水のような環境となって行為の自在さを誘導することが必要である。

この段階のトレーニングから開始して、スチュアート君の舞台の上での身体表現は、自分独りだけで激しい回転運動を行うところまできていた。普段空間を感覚・知覚できる健常者でも、目を閉じて回転運動をやろうとすると、ことのほか難しい。河岸の土手の上で、目を閉じて回転運動を試みてほしい。結構恐ろしいのである。そのとき健常者であれば、まだ空間のイメージをもちながら閉眼で回転運動を行っている。ところが生まれながらの全盲の人は、回転するたびに変化していく風景のイメージを活用することができない。空間的な手がかりなしに回転運動を行うのは、空間内の回転ではない。それはむしろ、重力と身体のバランスを手がかりに、**動くことによって初めて自分の空間をつくり出していくようなものである。**舞台上で舞う勅使川原さんは、「目を開けていても、なにも見ていない」と言う。

勅使川原さんの身体運動は、身体の可能性を探り当てるように何度も新たな回路へと踏み込もうとする。身体運動には、運動感、体勢感覚のほかに身体内感というものがある。運動感は、見ている者にとっては躍動感や、リズム、周期性を感じとることである。体勢感覚は、姿勢や体勢の均衡、不均衡とそれらの推移からなり、ただ立っていることが一つの表現であるというところまで進んでしまう。これらは見ていてもわかり、しかも、見ているだけで相当身につく。20年ほど前に、ミラーニューロン[*5]（鏡ニューロン）が大脳前頭葉に発見され、集中して見ることで、見るだけでおのずと運動能力が学習されることがわかってきた。だがその場合でも、身体動作の意味を考えるのではなく、五感を目一杯開いて身体運動を感じとることが必要なのである。

感じとった身体内感を数えあげていく

わかりにくいのが、三つ目の身体内感である。不透明な自分の身体がここにあると言うさいの、ここにある身体の感じである。内的に感じとっている身体なので、身体内感と呼んでいる。個々の身体動作で、この内感を感じとることが、身体動作を細かくする。技能の修得や楽器の演奏やスポーツのトレーニング、さらにはコンピューター操作や製図やリハビリテーション室の治療にいたるまで、この内感を感じとることができるかどうかが、上達の速度を決める。あるいは修得した能力の目減りの遅れを決める。

勅使川原さんは、この内感の感じとりや気づきが、世界に類を見ないほど細かいのである。例えば勅使川原さんの舞台を見て、個々の舞踏の動作でどのような身体内感を感じとっているのかを、自分自身で感じとるように工夫してみてほしい。現在の自分の身体内感とは異なるものを、一つでも見つけることができれば、その人は既に自分の身体の可能性の領域に踏み込んでいる。一つ見つかると、既に次の内感が見つかる回路に入っているのである。

舞台『Bones in Pages』（二〇〇五年再演、神奈川県立青少年センターホール）は、まるで機械仕掛けの人形のような動作と、柔らかく流体状の透明な動作が、交互に出てくる。「人間はつるされていなくても、既に人形である」。これは勅使川原さん自身の言葉だが、まさに至言である。安易に解釈しようとしても、あまりにも剰余が大き過ぎる。人間の動作の基本は、普段気づかないが、骨と関節が決めている。骨と関節だけの身体にしたとき、ちょうどそれは重力の大きさに釣り合うようにできている。つまり重力に対して相対距離を取るように、身体で重力を感じとるのである。重力は身体を浸している。そのため改めて重力を感じとるには、多くの工夫がいる。それが床に倒れ込む動作であり、人形の動作である。

身体にとっての根源的な環境は、重力と光と空気である。舞踏を通じて、根源的な環境に触れることができれば、そこに新たな差異が出現し、自分の可能性の一つを手にしたことになる。他方、彼の流体状の透明な動作は、空気の密度、その日の気圧さえ感じさせるほどのものである。空気を震わせ、空気を巻き込み、空気とともに身体を動かす。時には空気の湿り気さえ感じとることもできる。触覚的な認知は、世界と環境への感度の出発点である。この舞台の身体動作は、まるで空気と戯れているどころか、場合によってはふざけあっているかのようである。

ところで踊りながら、自分の身体動作がどのように観客から見えているのかを、勅使川原さんはどうやって知っているのだろう。作品全体は、とても細かく作り込んであり、ここ5～6年ほどの勅使川原さんの舞台は、踊り手としてよりも、演出家としての才能が前面に出ていると先にも述べた。作品のつくりは、それに接するたびにさらに細かさが見えてくるほどのもので、どんなに小さな催しでも細部まで設計しぬいてつくってあるとの印象を受ける。自分で踊りながら自分をどこかで見る。自分の真上にあるような視点か、自分の前にある透明な鏡の向こうからの視線か、いずれにしろどこかで踊っている自分自身を見ているはずである。

勅使川原さんの作品を鑑賞するさいには、作品を総体として見るとともに、それをつくり上げている彼の視線を探り当ててみてほしい。日常にはない経験へと踏み込むことで、自分自身の可能性にささやかでも気づくことができる。それが舞踏の希望である。

＊1　「練習問題1」注＊10参照。

＊2　自立して作動する複数のシステムは、共通の全体に含まれることもなく、また共通の基盤を共有することもない。それにもかかわらず複数のシステムが密接に連動することがある。そうした関係を分析していくための包括名称であり、一般には「相互に一義的決定性のない媒介変数を提供し合っている作動状態」と定式化できる。

＊3　「練習問題1」注＊1を参照。

＊4　勅使川原三郎の率いるダンサー集団で、宮田佳や佐東利穂子のような傑出したダンサーを生んでいる。舞台から降りれば、宮田佳はどこにでもいるような近所の普通の美形のおばさんであり、佐東利穂子は秋葉原ででも遊んでいそうなかわいい普通の女性である。しかし、ひとたび舞台に上がると、これが同じ人間かと思えるほどげた違いの身体表現を生み出す。ともに二〇〇五年のヨーロッパでのベスト・ダンサー賞を受賞している。

＊5　「練習問題＊1」注9を参照。

練習問題8　寺田寅彦とともに——わかる前に注意が向くということ

このなにかがあるという場面

真っ暗闇のなかで足先になにかがあると感じられることがある。このなにかがあるという場面では、既に現実の「個体化」が起きているが、その個体がなんであるかはまったくわかっていない。しかし、これは現実だと感じられるものは、既に個体化している。この個体の内容がなんであるかは決まっていないし、個体といっても個物のようなまとまりである必要はない。この現実、このものという特定さえできていればよい。そうした経験の局面がある。

このとき既にこの現実に注意が向いている。この場面の注意は、現実をそれとして成立させる働きであり、現実をこのものとして個体化させる働きである。成立した現実のなかでそれがなんであるかを知る働きの中心にあるのが、知覚である。**知覚は見るべきものが既に決まっている**。多くの場合、見えるものが見えているだけである。**それに対して注意は、見るということが出現する働き**であり、見るという行為が起動する場面を指定している。ある意味で注意は知る能力ではなく、知ることが成立する実践的な能力である。だが日本語の「注意」という語は、道路を歩くさいには車に注意しなさいとか、顕微鏡をのぞいていて、注意深く見なさい、といったような指示として使われることも多い。こうした注意の使用は、「注目」とか「注視」に近く、内容の上では焦点的意識[*1]に近い。

本来の注意が向くという働きを視野に入れれば、個々人の経験の幅を考え直してみなければならなくなる。誰しも普段見慣れているもののなかで、莫大な量の物事を注意を向けないまま見落としてしまっているはずである。歩きなれた自宅から最寄駅までの商店街を、まずすべて思い起こしてみてほしい。これは記憶の初級トレーニングである。その後、その道路を歩くさいに、商店街を一つ一つ注意しながら歩いてみてほしい。そこで初めて倒産した店に気づくことがある。貼り紙を見ると3週間前に店を閉めたようである。とすると3週間もの間、この店の倒産に気づいていなかったことになる。このときこの事態に注意が向いていなかったのである。

あらゆることに注意を向けたのでは、おそらく記憶が直ちにパンクしてしまう。そのため焦点的に注意を向ける（フォーカスを合わせる）もの以外に注意を向けないという意識の作法は、大人の態度でもある。だがそのことによって際限なく多くの物事を見ないままやり過ごしているのである。注意は生存に直結しているので、なにか新たなことに注意を向けようとしても、どうしたら注意が向くようになるのかは容易にはわからない。そこで注意がよく向くタイプの先人の例を手がかりにしてみることも有効である。

寺田寅彦の「注意」の向き方

物理学者で文筆家の寺田寅彦の文章に、以下のような内容のものがある。一度実験をすれば、あるものが見えてくる人と、同じ実験を一〇回程度繰り返しても見えない人に分かれる。このことは実験以外でも多くの事例に当てはまっている。この違いは、なにに由来するのか。仮に見えない人でも、ここをこんなふうに見なさいと教われば、あるいは少し練習をであって、その人は教わらないかぎり見えてこないことになる。とすると、そのタイプの人が独力で見方を教わっているのであるが、すれば見えるようになるかもしれない。だが、そのときには、見方を教わっているのであって、その人は教わらないかぎり見えてこないことになる。とすると、そのタイプの人が独力でなにかを見いだすことは、可能性としてまずない。

見方を教わって、それに合わせて焦点を絞ってみる。これは焦点的意識であり、言い換えれば「注目すること」(既に見えているものをよく見ること)である。ところが自分で何かを見いだすさいには、焦点的意識とは別のものが必要になる。寅彦は、この注意の能力が抜群だった。学校教育では、観察にさいして、注意ではなく、焦点的意識、すなわち知覚を教えている。最短距離で物事を修得するために、それが最も都合がよいからである。だがそれが良い教育かどうかは別問題である。**新たなものを見いだすことは、知覚ではなく、注意が向くかどうかに依存している。**

寅彦は、以下のような事例を挙げている。毎年晩秋に接していたのだろうが、ある年イチョウの葉がほとんど同じような時期に大量に落ち、徐々に落ちているのではないことに気づいた(「藤の実」)。イチョウのなかには、葉が落ちるときには一挙に、粉雪が舞うように落ちてしまう種がある。それがなんであるかがわからないまま、そうした現実に注意が向く。おそらくイチョウの木の成熟を決めるホルモンが大気中を伝播するか、次の芽が一斉に出るための成長ホルモンが大気中に伝播するか、現代的にはいろいろな憶測が可能であろうが、それらは成立した現実に対しての仮説である。仮説の手前で、注意が向き自分にとってそうした現実が成立するかどうかが決め手である。これは、毎年のありふれた現象のなかに、新たに注意が向くようになった事例である。

日本画の特殊な手法を駆使した画風に、浮世絵がある。浮世絵の人物像には、常に奇妙さが残る。しばしば顔は大き過ぎるし、巨大なナスのように湾曲している。しかもなんの表情なのかがよくわからない。複雑な表情ではないが、なにを表わす表情なのかがわからない。どこにピントを合わせれば、浮世絵をうまく見たことになるのかもわからない。浮世絵には、こうした印象がつきまとう。通常の絵であれば、多くの場合、どの部分から描き始めたか、どの部分に一番力がこもっているかというような見方をするのだろう。しかし、それに答えても、浮世絵のもつ「奇妙さのバランス」というようなものに届く感じはない。

この奇妙さのバランスをつくり出しているものはなんなのだろう。寅彦の浮世絵の解説は、驚くべきものである。浮世絵を規定しているのは、人物の「髪」だという（「浮世絵の曲線」）。髪に潜在的な注意が向くことによって、顔が際立つというのである。髪の一歩も引かない黒さが、浮世絵のバランスを決めているという。ここには彼の注意の向け方の特質がよく出ている。絵全体の雰囲気を支えている要のものがなんであるかに注意が向いていて、その注意から焦点を絞っている。髪が焦点だと言われれば、なんとなくわかるが、そんなものなのかという思いもある。ところが髪に匹敵する効果をもつ他の部分を指定しようとすると、容易なことでは取り出せない。髪は画面を決定しているというより、他のいっさいのものに比べて、よりいっそうなしで済ますことができないものである。こうした焦点の絞り方は、現実の要素を人為的に引き抜いたり加えたりする思考実験につながっている。

谷崎、百閒、寅彦のネコ

ネコの観察には、比較的その人の特質がよく出る。ネコとイヌは、自分で人間と暮らすことに決めた、まれな動物である。人間と暮らせば、食べられてしまう可能性が高い。そのためほとんどの動物は、人間の生活圏が広がるに応じて、辺境に追いやられてきた。ところがネコとイヌだけは、のこのこと人間の生活圏に入り込んで、そこでやっていくことに決めたのである。さて、ネコについての文章を三つ取り上げてみよう。

(A)犬はジャレつく以外に愛の表現を知らない。無技巧で単純です。そこへ行くと猫は頗《すこぶ》る技巧的で表情に複雑味があり、甘えかかるにも舐めたり、頰ずりしたり、時にツンとすねてもみたりして、緩急自在頗る魅惑的です。

(B)猫は煙を気にする様である。消えて行く煙の行方をノラは一心に見つめている。彼がもっと子供の時は、家内に抱かれていて私の吹かす煙草の煙にちょっかいを出し、両手を伸ばして煙をつかまえようとした。しかし、今はもう一匹前の若猫だからそんな幼稚な真似はしない。じっと見つめて、消えるまで見届ける。

(C)二三日たって妻はまた三毛のほうをつかまえて来た。ところがこのほうは前のきじ毛に比べると恐ろしく勇敢できかぬ気の子猫であった。……猫の子でもやっぱり兄弟の間でいろんな個性の相違があるものかと、私には珍しくおもしろく感ぜられた。猫などは十匹が十四毛色はちがっても性質の相違などはないもののようにぼんやり思っていたのである。

三者三様のネコを描き、それぞれネコとの固有の距離感がある。いずれも文章け、現代表記に変えてある。(A)が谷崎潤一郎の「ねこ」であり、(B)が内田百閒の「ノラや」であり、(C)が寺田寅彦の「ねずみと猫」である。谷崎は、ネコについての自分の面白さを語り、百閒は家族の一員であるネコを子供のように描いている。これは夏目漱石の『吾輩は猫である』に対抗して、『彼ハ猫デアル』を著す構想の延長上で描かれたものである。これらに対して、寅彦の注意はネコの個体に向けられている。ものごとが個体化するさいの個体に届くところが、彼の関心を引く場面であった。

注意のエクササイズ1——俳句

寅彦が日常的に心がけていたのは、スケッチと俳句である。注意が向くことにかけては、天性の素質と名人芸を備えていた寅彦の特質が明瞭に示されているのは、この二つである。俳句の習得は、余生を風流に任せて送るための手すさびではなく、注意を維持し、新たな現実に注意を向けるための手段でもあった。

高知出身の寅彦は、熊本の第五高等学校時代に英語を漱石から教わり、句会の木席にも出席させてもらっていたようである。漱石に、「落ちざまに虻《あぶ》を伏せたる椿《つばき》かな」という句があり、寅彦が取り上げている(「思い出草」)。椿は落ちるとき、最初鐘を伏せたようにうつ伏せで落下しても、やがて空気摩擦と重心の関係で、最後には仰向けに落ちるのが普通らしい。とするとうつ伏せに落ちて虻を中に閉じ込めてしまうという事態は、そう起こることではない。めったに起こらないこの現実を切り取る漱石自身の注意も、細かくかつ確かなものである。なによりも閉じ込められた虻の騒ぎもがく感じが微笑《ほほえ》ましく、注意を通じた現実性の選択的切り取りには、情感や叙情もかかわっていることがわかる。

この句を前にして、虻は逃げ足が遅いとか、虻の足が椿の花びらのどこかにひっかかったのだろうと推測するのが、筋の悪い憶測である。注意から理解へと進むさいに、筋の良し悪しが出てくる。この段階で寅彦の推測は、虻がある特定の位置を占めることで、「椿－虻」という系全体の重心が移動してしまい、それがその系のなかの椿がうつ伏せに落ちるような条件をつくったのだろうというものである。

理解は、どこかに理由付けを含む。その場かぎりの偶然を指摘するような場合には、ある種の物語を形成し、「逃げ遅れたドンくさい虻」の物語ができ上がる。エピソードをつくり上げて前後関係を指定し、それによって物事や出来事の意味を確定する。起きている現実が、一回かぎりの二度と起きないようなものであれば、物語で語るよりない。これに対して、物理学の発想は、他にも応用可能な問いの一事例として事象を捉えることである。理解は問いから出てくるが、物語はむしろ問いを停止させる。それに対して、自然科学的な理解は、問いをさらに開くように条件を設定する。

言語的表現のなかでは、俳句はかなり特殊な表現である。可能なかぎり説明を減らして、ある断片だけがくっきりと切り取られていなければならない。寅彦の文章に、涼しさは暑さや寒さとは異なり、「瞬間の感覚」だと論じた箇所があり、涼しさを感じさせる情景を俳句にしている（「涼味数題」）。「顔にふるる芭蕉涼しや籐《とう》の寝椅子」、「夕立や蟹這い上る簀《す》の子縁《えん》」というような俳句をつくっている。前の句では、大きな芭蕉のそばに籐の椅子を置き、暑さをしのぎながら、そこでうとうとしていたのだろう。少し強めの風が吹いてきて、芭蕉の葉先が顔にかかったのである。風と芭蕉の葉の触覚と大きな葉全体が動いた影によって、この瞬間に成り立つひんやりとした一瞬の情景が、そのまま切り取られている。また後の句は、縁側にいて弱い夕立があり、庭から出てきたのか沢蟹が簀の子に這い上がってしまう情景である。俳句のなかでは比較的剰余が少なく、スケッチに近い。スケッチや俳句は現実の輪郭の焦点を絞り込むようなイメージ的思考なのである。

注意のエクササイズ２――スケッチ

もう一つのスケッチについては、寅彦は弟子の中谷宇吉郎にも勧めている。例えば小説家は、登場人物のある場面をしばしば詳細に描く。しかし、それは場面を描くのであって、説明をしているのではない。登場人物がどのように考え、どう振る舞ったかを説明するのではなく、ただ場面を描くのである。この記述が、イメージ的思考である。そのため寅彦の思考法は、小説家や芸術家に近いのである。実際に小説に近い書き方をしている文章もある。

このやり方で、自然学を展開したのがゲーテである。作家であり、ヴァイマールの行政官でもあったゲーテは、自然学に最も長い時間と労力をつぎ込んでいる。そして、概念を排して、まざまざとした自然現象の像的な配置、流動、接続からなる記述を生み出したのである。これをゲーテは、「対象的思惟」と呼んだが、内容は心や主観性の原理を問題にするのではなく、直接現れているものをそれとして捉えることであり、イメージ的直観の働きを重視していた。この場合、芸術と科学が同じ一つの経験の仕方で進行し、芸術はいまだないものを産出的に作り出し、それを直接直観する。それに対して科学は自然の産出的働きを見いだし、それを直観する。つまり芸術と科学は、イメージ的直観では、末端で対象の種類が異なるだけで、同じ経験の仕方をしていることになる。これがゲーテ自然学の核心である。

　スケッチでは、現実に細かな注意が向くだけでなく、実は科学的なスケール変換が含まれている。眼前に広がる風景を、キャンバスに写しとるのだから、スケール変換の可能な事象の要点が見えていなければならない。風景は、空間の測度（目盛りの単位）をそのまま縮小すればよい。ところが地震や進化や気象の「自己組織化」[*2]（例えば北京の蝶の羽ばたきが、やがてフロリダでハリケーンになる）というような自然事象を、人工的に設定した環境（境界条件と初期条件の設定）で実験してみようとすれば、スケール変換が可能な変数が見つからなければならない。この変数を見いだすことへの感度は、スケッチのなかでかなりの部分獲得することができる。

　またスケッチに代えて、言語で表現してもよい。その典型が寅彦の名文といわれる紀行文である。旅行に行けば、そこで経験した情景や風景を詳細に像が浮かぶように描いている。自然賛歌や自然美化ではなく、あるいは人間の振る舞いへの共感でもなく、風景を言語でスケッチするのである。スイス北端の都市バーゼルから、ドイツ国境を越えて、初めてドイツに入ったときの情景は、以下のようになっている。

目がさめると、もう夜が明けはなれていた。自分ら二人の疲れた眠り足らない目の前に、最初のドイツの朝が目さめていた。ゆるやかに波を打つ地面には麦畑らしい斑点や縞が見え、低い松林が見え、ポプラの並み木が見え、そして小高い丘の頂上には風車小屋があって、その大きな羽根がゆるやかに回転しながら朝日にキラキラしていた。（「旅日記から」、表記は原文ママ）

ごくありふれた情景描写のように見える。これがスケッチである。このありふれた描写にとどまるためには、多くの美化や視点を捨てていかなければならず、言語を駆使してはいけない。言葉が際立つように言葉を使ってはいけないのである。風景に釣り合うだけの言語が必要であり、スケッチでは過不足のなさが要求される。

シミと金米糖への注意の向き方

こうした訓練も寅彦の場合、自分の心の働きを存分に発揮するためにおのずと身につけたもののようである。実際彼は、今日システム論のうちの「自己組織化」の典型事例と思えるものを、その注意によって多々見いだしている。見慣れた現実に別の注意が向き、そこから
さらに固有の問いが出現することがある。油紙を貼り付け、竹で組み立てた雨傘は、もう時
代劇のドラマのなかにしかないのかもしれない。浪人が内職で貼り付けているあの雨傘であ
る。雨傘の一部に小さな穴や皺《しわ》があれば、小さなシミが生じる。このシミはほとんどの場
合、非対称、非定型の花びらのようなかたちになる。寅彦の注意が、ここに向いている
（「自然界の縞模様」）。これは水分子の拡散運動が、ランダムになされているにもかかわら
ず、どの方向にも同じように広がっていき、末端で複雑な模様が出現する事例である。また
お灸に使う「もぐさ」を平たく伸ばしておき、中央付近で火を付けると、燃え上がることは
ないがぶすぶすと燃えて、焼け跡が広がっていき、末端の燃え残りの模様が非対称、非定型
の複雑なかたちになる。

金米糖の考察については、よりテクニカルな直観が働いている。（「備忘録」中の「金米
糖」の項）。金米糖は、砂糖の結晶が自動的にできるだけで、あのかたちになる。結晶化し
やすいように核を内に置き、自動的に結晶ができるだけであれば、通常は球形に近くなるは
ずである。実際金米糖の本体部分も球形である。核から全方位かつ等量に結晶化が起きれ
ば、当然球形になる。ところが、どうして同じような高さの角ができるのだろう。しかも、
どの金米糖も同じぐらいの本数の角があるらしい。

球表面で少し起伏があり盛り上がったところでは、より多くの結晶化が起こり、その結果

さらに盛り上がりが増す。これによって角のかたちの盛り上がりができる。ある程度以上の高さになれば、結晶のかたちが安定する前に側壁の結晶がこぼれ落ち、角の高さはおのずと決まる。では金米糖の角の数は、どうやって決まるのだろう。球表面の曲率か、砂糖分子どうしの密着性の度合いによるのか。複数の角が発生する場所は、ゆらぎを介した偶然によって決まるとしても、二つの角の位置が近過ぎれば一つの角になってしまうはずであり、遠過ぎれば両者の間にもう一つ角が出現してくると予想される。結晶化のさいの圧力を変えれば、角の高さが低くなり角の本数が増えるのか、角の高さは高くなり角の本数も増えるのか、角の高さは高くなり本数のほうは減るのかは、直ちには決まらない。ここから先は、もう少し高度な数式を手がかりにしなければ具体化することができない。

自己組織化のような生成する現象は、途上にいくつもの分岐点を含む。そのためそれを考察するさいには、各分岐点でどのような選択が起こるかに細かな注意を向けなければならない。そして、それを可能なかぎり明示的にイメージし、一つ一つ定式化しなければならない。というのもそれぞれの分岐点で、想定外の変数が見つかることが多いからである。その作業はとりもなおさず問いを生成させることであり、問う者の経験を生成させることでもある。

数珠つなぎ状態の電車の理由

山手線の電車を待っていると、なかなかやって来ないことがある。ようやくやって来たとき、ふと電車の後ろを見ると、次の電車がすぐ直後まで来ている。さらにその電車の後ろを見ると三番目の電車が、そう遠くないところまで来ている。こんな光景は、しばしば起こることなので、少しだけ注意を向ければ誰でも気づく。寅彦も、この事象を取り上げ、どうしてこうしたことが起こるのかを物理的に考察している。一番目の電車は定刻から遅れている。この誤差は、始発の駅からの距離が延びれば延びるほど、大きくなる可能性が高い。ここは統計的な問題である。最初の電車が少し遅れれば、電車を待つ人の数は、平均値より少し多くなる。そのため乗り降りにかかる時間が増え、この電車はさらに定刻から遅れてしまう。たくさんの乗客を乗せた電車は次の駅以降では、降りる時間も多めにかかるので、さらに定刻からの遅れが生じる。満員になればなるほど、乗り込むための時間がかかり、車掌からもっと中へ詰めてくださいと言われて、さらに遅れが生じる。これはカオス理論でいう、「初期値の微小な差異に対する敏感な依存性」と呼ばれるものである。最初の小さな差異が増幅されて、最後には巨大な差異に、果てはまったく異質なものになってしまうという事態を表わしている。

　最初の電車が、偶然によって少し早めに来る場合もある。その場合は、乗り込む人の数も少なく、早めに出てしまうので、その次の電車は少し多めの乗客を乗せなければならず、遅れが生じる。この定刻からの最初のズレが、「ゆらぎ」[*3]と呼ばれるもので、通常は運転手の努力によって消されている。運転手の努力によって「ゆらぎ」を消すことができるか、消せないまま遅れになってしまうかどうかが、最初の分岐点（カスケード）である。滝を流れる水が二股のように分岐する点があり、確率的にはどちらに行ってもおかしくないが、どちらか一方に傾くと、以後はそちらが主流となる。こうして自己組織化の回路が進む。この種の生成する現象への注意が、寅彦はとても細かかった。

ところで電車の場合の問題は、遅れて来た電車の次の電車は、かなり空いているはずだから、一台見送って次の電車に乗ろうとすれば、遅れは少し解消され、次の電車も定員程度の人を乗せて、電車は等間隔に近づくはずである。寅彦は、自分なら一台でも二台でも見送って、空いた電車に乗るという。ところがそうしない人が多いために、電車の遅れが増幅されることになる。この場面での人間心理は、そう複雑なものではない。遅れた電車がやって来たとき、多くの人は予想外に長く待っている。そのため一台でも早い電車に乗ってしまう。これが集団になれば、自分の前後で待つ人が、争うように早く来た一番目の電車に乗るのを見ると、自分だけ二番目の電車に乗ることに少し抵抗がある。ところがそれによって乗った一番目の電車には、さらに遅れが生じる。そこから出てくる結論は、「第一に、東京市内電車の乗客の大多数は——たとえ無意識とはいえ——自ら求めて満員電車を選んで乗っている。第二には、そうすることによって、みずからそれらの満員電車の満員混雑の程度をますます増進するように努力している」(「電車の混雑について」)ことになる。これは典型的な自己組織化の現象であり、確率的な偶然から予想外の事象が生じ、しかも、それぞれの人が望んだ行為を行うことによって、それを裏切る事態が出現してしまう事例である。こうした記述は、現在では見慣れたもので驚くほどのものではないが、にもかかわらず生成する現象への感度の良さがうかがわれる。

このタイプの事態は、広く人間社会で起こることである。寅彦も人間には満員の電車に無理に乗ろうとする人と、一つ見送って次の空いた電車に乗る人の二つのタイプがあるのではないかと推測している。ある時期に先頭を走る最も参入者の多いテーマや主義・主張に飛びついて、なにかが出てくるだろうともがいているうちに、なにも出てこないまま、ずるずると時間だけが経ち、気がついたときには既に時代の水準から遅れてしまっているというような人たちは、実は相当数いる。天性の二番煎じ組の人々である。別の選択肢があることはわかっていても、それが選択できないのである。

注意の働きを妨げる感情の動き

人間の場合、特定の場面で感情が動いてしまい、その後、その事態に注意が向くようになることがある。道路一面が水浸しになり、それが赤く染まっていれば、単に赤い水を見る以上にこの現実に強く反応してしまう。この反応は明らかに感情由来である。感情は、情景や風景の内容ではなく、それらの自らの生存（生き残り）にかかわる情報に向けられ、特段の関心や注意を引き起こす。アントニオ・ダマシオ[*4]は、この働きをソマティック・マーカー[*5]と呼んだ。関心の向くものと向かないものをおのずと区別し、関心の向くものに注意を向けていくさいに、このソマティック・マーカーが利いている。もっともこれは普段多くの人が感じ取っていることであり、再度注意を喚起するために新たな用語を設定したのに近い。

決定的に重要なのは、注意が向くさいに感情が内的に働いている場面である。感情要因によって特定の物に注意が向かないようにしてしまっている場合、意識的な否認の手前で、現実そのもののあり方に感情バイアスの変化がかかってしまっている。おのずと見ないようにしている感情の働きは、実は容易には解除できない。なにか感情が動いたと感じられるとき、無意識に注意の選択肢を狭めないために、自分自身に向かって言葉にならない小さな声で「おおらかに、おおらかに」とつぶやいてみることも大切である。また特定の感情が動いて、度を越して反応してしまう場合には、「敏感反応」と呼ばれる。思い起こしてみればささいなことなのに、大きく反応してしまうのである。感情が注意の働きを抑制したり、過度に促進したりする。それによって現実の幅がとても狭くなってしまうことが多々ある。注意と感情との関係は、ほとんどこれからの課題である。

＊1　意識は漠然となにかを見ている以外に、なにかを選択的に焦点化して働くことができる。顕微鏡をのぞいているさいにも、なにかを見ようとして、焦点化している。一般に注視や注目と呼ばれる局面である。しかし、焦点化したからといって、直ちに新たななにかが見えるようになるわけではない。顕微鏡をのぞいていて、見えると言われたものがまったく見えないことがある。
＊2　「練習問題4」注＊4を参照。
＊3　「ゆらぎ」については終章でやや詳しく触れる。
＊4　情動・感情をテーマとして追究している脳神経科学者で、ルドゥーと並んで現在の脳科学の流行をつくり出した科学者の一人。さまざまな事例を援用しながら、平易に興味深く語ることのできる語り部でも

ある。歳をとっても甘いマスクの印象は変わらず、モデルのような雰囲気で写された写真が多い。

＊5　ダマシオの主張の最も良質な箇所であり、情動・感情によって現実がそれとして成立するさいには、情動・感情による選択的現実化が働く。それはしるし付けと類比されるような現実の特徴付けであり、緊急性の度合いや緊迫性の度合いに満ちている。このことは逆に、ソマティック・マーカーが働かなかったり、ソマティック・マーカーに特異なバイアスがかかっていると、相手と会話をしていてもほとんどなにも通じなかったりすることを意味する。

練習問題9　日常性のほんの一歩先——身体内感と体験的世界

それでも虫は会社に行くのか

カフカの『変身』には奇妙な点が、いくつか含まれている。ある朝目覚めると身体が思うように動かず、自分の足を見るとなにやら虫のような身体に変わっている。奇妙なのはこの点ではない。どうにも身体制御ができないだけであれば、低血圧の人の目覚めでも、軽度脳卒中による昏睡後の目覚めでも、緊張病（統合失調症の一種）の昏睡後の目覚めでも、似たような事態が起こる。主人公グレゴール・ザムザは身体が動かないために、部屋から出て行くことができない。その日にかぎって朝起きてこない長男を心配して、家族がなにやらざわついている。その様子が、彼にはドア越しに感じとれる。それだけではない。次の電車に乗り遅れると会社に間に合わなくなる、と本気で必死になって考えているのである。駆り立てられるように必死になるキャラクターは、カフカの主要な小説で、主人公の共通の特徴となっている。変身した身体のままでは、仮に会社に出社できても、自分以外の人全員を困惑させるだけである。だが、そんな配慮より、ともかく次の電車に乗り遅れてはいけないと思い続けている。身体が思うように動かないほど変化しても、なお意識だけはそのままであることが起こりうるのだろうか。見かけ上この点は、小説を読むかぎり、奇妙な違和感が残る。だが、カフカのこの病態の記述は、信じられないほど精確なのである。

実は「意識」は奇妙なもの

意識は相当に奇妙な事象である。私の実兄は、ここ10年ほど重度の脳卒中のため寝たきりの生活を送っている。兄は脳の一部に毛細血管がびっしりと形成されてしまう特異な脳であったために、その血管の先から血液が漏れ始め、一九九〇年にその部分を切り取る最初の手術を行った。この時期頭痛はあったようだが、意識も言語も動作もしっかりしており、手術前に病院に行ってみると、驚くほどまるまると肥え太っていた。医師からは、術後5年間再発しなければ、安定してくるので大丈夫だと言われていた。そして、5年近くたった一九九四年に、再度かなり大きな脳の血管が破裂したのである。そのときは頭蓋骨を外し、広い範囲の脳を切り取り、セラミックスを埋め込む二回目の手術となった。意識が戻ってきて、本人はかなり険《けわ》しい顔つきをしていたが、病床の横で話す私たちの会話の内容は聞きとれており、ときどき喉の奥から出すような日本語を発していた。日本語としてはかなりきれいなもので、兄の言語領域は維持されているのかと思っていたが、回復してくるにつれて、やがて発語はほぼ困難になった。回復期の再組織化によって、それまで維持されていた能力や機能が失われてしまうことはよくある。

ところが意識は、見かけ上、覚醒と昏睡という両極端の明確な区分しかなく、**意識には自分の欠損を感じとる力がないようなのである**。意識はそれ自体を一つのまとまりにすることと、自分以外のものを知る巨大な能力を持ち合わせているが、意識には自分の痛みを感じる能力も、それ自体の変化を感じとる能力もほとんど備わっていないようだ。意識そのものを切り刻むことはできないが、仮に切り刻むことができても、そのことを感じとることはできないのかもしれない。

このタイプの疾患のリハビリテーションは、理学療法や作業療法の範囲にある。それぞれの分野のなかに独特の治療の技法をもつ集団がある。治療技術だけでなく、身体のつくりをどう考えるか、治療過程をどう考えるかで、いわばリハビリの構想自体が相当大きく変わってしまう。ここ4年ほど、理学療法の最先端治療法である「認知運動療法」の人たちと、勉強を続けている。この療法の開発者であるイタリア・サントルソの神経内科医カルロ・ペルフェッティ[*1]は創意に富んだ医師で、現在でも症状と難度に合わせて、さまざまな治療法を開発している。

彼は、認知科学や脳神経科学の最先端の成果を総動員し、哲学、現象学なども治療体系に次々と組み込んでいった。4〜5年ほど前に、彼は、フランシスコ・ヴァレラ[*2]のオートポイエーシスをリハビリの理論構想に取り込み始めた。その事実が日本に伝わって、私に呼び出しがかかり、それ以降この研究会とかかわるようになった。サントルソのペルフェッティの研究室には、彼がヴァレラとツーショットで写った写真が壁にかかっていた。小柄で日焼けして前歯の欠けた晩年のヴァレラの写真だった。この研究所で研修を受け、治療を間近で見学して、少し感触がつかめてきた。そして、なお膨大な課題が残っていることが薄々感じとれた。そこには人間の脳神経システム、認知能力、身体の形成を考え直すためのまたとない素材がとても多く含まれていたのである。

「気づき」は感じとりながら調整を行う

体調不良だということで検査を受けると、医師から軽度脳卒中だと告げられる患者がいる。もちろん患者は体調不良であるが、意識も認知能力もしっかりしている。そして、脳卒中だと聞かされて、初めて自分の現実に気づく。やや重度の脳卒中患者を街中で見れば、誰であれその病態はすぐにわかり、その人の歩行の大変さはいっさいの知識なしにもわかる。そうした現実が自分に起きてしまったことを医師から伝えられて、驚き、嘆き、落胆するのである。軽度の脳卒中における、こうした本人による病気の理解には、奇妙な点がある。医師から知識として自分の病態を告げられ、既に見聞きした他人の病態から、自分もあのようになったのだと嘆き悲しんでいる。自分の身体的、生理的な苦しさから、行く末を案じて、嘆き悲しんでいるのではないのである。

脳卒中と総称されるものには、くも膜下出血、脳梗塞、脳内出血がある。しかし、軽度であれば、いずれの場合も、意識にも認知能力にも問題はない。ただ、自分が変だということに気づくことができないのである。これは奇妙な欠損である。

脳卒中による片麻痺の事例で、患者に身体の左右に違いはありますかと尋ねると、ほとんどの場合、身体の左右にはなにも違いはないと答える。そこで、両手を上げてみてくださいと言うと、患側の手は当然上がらない。動かそうとしたはずなのに、手が上がらないのである。そして、「ああ手が動かないのだ」とまるで他人事のようにつぶやく。手が上がらないことが、他人事のように観察され、記述される事象になっている。患者の観察や記述の能力は維持されている。そうしてみると「左右に違いはありますか」という問いは、左右の違いを感じとる能力が欠落している人には、どう答えたらよいかがわからない問いだったのである。少なくとも左右の違いを感じとることができないのだから、否定では答えようがなく、左右は違わないという回答は、この答えようのなさに対応している。この左右の違いを感じとる働きを、「身体内感」と呼んでおこう。自分の手が上がらないことを他人事のように記述するのも、この身体内感が欠落しているためである。この身体内感は、普段は気づかないまま自明の存在になっている。

この事態を広く解釈すると、見かけ上「病識」と「病覚」の違いに対応しているようにみえる。糖尿病の患者で、検査結果を基に医師から病状を告げられても、自覚症状がなければ、家族の前では暴飲暴食を慎んでいるが、ひとたび外出すれば、ビールを飲み、体に悪い大盛りラーメンを食べ、口直しにとケーキ、フルーツ、果ては牡丹餅と、糖尿病促進フルコースに進んでしまう人は多い。これは、病識はあるが病覚がない事例である。軽度片麻痺の場合も、一部病覚がないが、単に自覚症状がないこととはずいぶん異なる。患側の手が上がらないことを自分で観察できても、そこでなにが起きているかを感じとる「身体内感」が欠落しているのである。上がらない手に対して「変だ」と感じとれる「内感」が欠落している。この内感が欠落すると、身体動作にいっさいの調整機能が働かなくなる。一般的に言えば、外的知覚ではなく、内的知覚が欠落している。この内的知覚と呼ばれるものの主要な働きが、感じとりながら調整を行う「気づき」である。

三つの身体内感

身体内感のなかには、いくつかの異なった能力が含まれていると思われる。第一に身体あるいはその一部が、まさにここにあると感じられる身体存在感である。肝臓がここにある、骨盤がここにあると感じられるさいの、「まさにある」という感じである。これは身体全体から配置的に部分の位置を知ることとは別の働きである。むしろ、こうした配置が可能になるのは、それ以前にまさにここにあるという感じをもっているからである。あまりにも自明なことが語られているようで、ぴんとこないかもしれない。例えば、しばらく正座をしていて足が痺《しび》れ、足に体重を乗せることもできず、足が思うように動かない、というような経験は誰しももっていると思う。このときには身体内感が部分的に欠落しているのである。この場合、足の感覚がないのであり、足がここにあるという感じがないのである。足がここにあるという感じがないまま、体重をそこに乗せようとすると、多くの場合、反射的な防衛反応が出て、制御困難な筋緊張が出てしまう。実際、片麻痺の患者の麻痺側の足に体重を乗せると、極端な防衛反応が出る。

身体内感の第二のものは、身体の左右、前後、特定部位の間の違いを感じとる働きであり、一般に「差異を感じ取ること」である。この差異は、対象世界に五角形と六角形の違いを見いだすようなものではない。感覚・知覚を通じて物事を判別することと、内的に感じとられる差異とは、認知能力の点からも、活動のモードの点からも、異質なものである。身体内感の差異は、腕の上げ下ろし、足の上げ下ろしのような場面でも、身体行為の調整に直結しており、対象がなんであるかを知る働きではない。知ることとは別に、行為できる働きにかかわっている能力は、身体－脳システムには広範に備わっている。

身体内感の第三のものは、内的に感じとられる「気づき」である。**感情が動いたとき、そのことを感じとっている内感がある。**内的に起きる活動を感じとることが気づきであり、ことに激しく動いた感情と、穏やかな感情の動きには、違いがわかるだけではなく、それぞれになんらかの度合いを感じとっている。**この内的活動の度合いを感じとる働きが、気づきであり、気づきはそれが動くと同時に通常直ちに調整機能を行っている。**

こうした身体内感は、姿勢の違いを感じとるような体勢感覚ではないし、運動感覚[*3]（キネステーゼ）ではもちろんない。運動していなくても、いままさに運動しようとしている運動感覚はある。現象学では、それをゼロのキネステーゼと呼ぶ。大相撲を見ていて、土俵際の攻防の場面では、身体のさまざまな箇所におのずと力が入るのは、ごくありふれたことである。このときには運動感覚が働いているが、その激しさの度合いに気づいている身体内感がある。土俵際の攻防から土俵中央までよりが戻ったとき、おのずと手足から力を抜いている。そして、その変化を感じとっているのである。この変化への気づきの場面が身体内感であり、運動感覚とは異なるものである。脳の部位の発火を調べても、現在の検査レベルでは、運動感と身体内感としての気づきは発火部位としては区別できないだろう。おそらく発火部位を特定するというデータの取り方が、まだまだ荒っぽ過ぎるためである。

それは視点・観点の変更ではない

正中線[*4]から見て左半分の世界が欠落してしまう「半側空間無視」の症例でも、似通った奇妙さが見られる。この症例は、比較的頻度が高く、古くから知られていて、認知科学における豊富なデータがある。一般にはオリヴァー・サックス[*5]の著作『妻を帽子とまちがえた男』で、広く知られるようになった。軽症の場合は、自分で髭《ひげ》を剃ることもできる。そのとき鏡を見ながら剃ると、見えない半分は剃り残しになるようである。この場合、高度な道具使用という行為自体はできている。これほど高度な行為能力は維持されているのに、髭の半分を剃り残すことに「奇妙さ」を感じることができないのである。

このとき観点や視点によって、世界の半分が欠落していると理解してしまいそうになる。その人の視点にとって、世界の半分が欠落しているのだから、世界の半分に対応できなくても当然だ、というような思いに至りがちである。仮にこの病態が、観点や視点の問題で生じているのなら、観点や視点を切り替えればよいはずである。仮にこの切り替えができないのであれば、むしろ、切り替えができないことが問題であって、そのとき取っている観点や視点そのものが問題なのではない。この箇所は健常者からみると、とてもよく誤解する場面である。

観点や視点によって世界が捉えられているとするのは、まだ認識論の世界である。その場合は、見方を変えれば世界が変わるというような認識の枠が前面に出てくる。新たな見方を学び、新たな観点で物事を捉える仕方を学ぶという作業は、学習の基本に組み込まれているが、いまだ認識論の話である。この場合、仮に新たな見方を学んでも、明日元に戻すこともでき、明後日再度新たな視点に切り替えてもよい。視点の切り替えができるというのは、認識論の大前提であり、そこでは正しい視点や観点を学習することが課題になる。

しかし、**左半分の世界が失われているのは、見方を誤ったためではなく、視点の取り方を誤ったためでもない**。世界内の事象を取り違えるような、誤認や誤解ではないのである。むしろ、世界そのものの現実性のあり方に変容が生じていて、その変容に対処することが問題になっている。つまり、誤認や誤解を訂正することが目指されているのではない。認識論の手前で起きている現実性の変容は、体験的世界の変容であり、視点をどのように切り替えようと、その程度のことではなに一つ変わることのない体験的現実にかかわっている。この領域を解明する仕方については、現段階の方法的道具立てのなかでは、現象学が最も優れていると思われる。世界の変容が問題になる以上、そのことにアクセスできる認知科学や心理学はいまだ現れていないからである。経験科学はデータを取るために、どこかで安定した世界を前提にせざるをえない。世界そのものが変容したとすれば、データの意味が変わってしまう。そのことを見込んでデータを取ることは、まだまだ難しい。

体験的世界の深みへ

体験的現実の変容に対処するさいには、通常の学習のようなやり方を取ることができない。つまり、正しく物事を捉える訓練では、足りないのである。最も近いのは、再度発達過程を歩むような形成プロセスを誘導することである。その場合に最大の障害になるのが、こうした症例に典型的な病覚のなさである。半分剃り残した髭を奇妙だと思えず、カレンダーを見て今月は25日がないので不思議な月だという発言が自然に出る。そのカレンダーでは25日が左端に位置していて、それに気づかないのである。カレンダーそのものは見えているので、視覚障害でも意識障害でもない。このカレンダーはおかしいとか、カレンダーを見誤ったという発言であれば、既に学習過程に入っている。だがその手前にあって、疑問をもつことがどのようなことであるかを感じとれない局面がある。ここでは内的な感じとりや気づきの形成が必要とされている。体験的世界は、形成しなければならず、単に学ぶだけでは足りないのである。

失われた行為を再度生み出し、行為能力を形成していく治療法は、経験科学的に説明しようとすると、どこかでうまく説明できないところが残ってしまう。これは扱っている事態が複雑過ぎて、知識が足りていないからではない。むしろ、生きていること、おのずと行為できること、さらにはわかる以前にわかってしまっていることと、それらについての知との間に、かなり大きなギャップがあり、そこを知の側から埋めることができないためである。例えば自転車の乗り方についてどのように詳細に説明しても、その説明を学習してもらうことで、乗ることのできなかった人が乗れるようになるとは考えにくい。誰であれ乗り方が知識としてわかったことによって、乗れるようになったのではないからである。体験的世界は、知よりももっと根の深い行為の世界に基づいている。

見えない視界の絵柄を言い当てる

半側空間無視のようなタイプの症例については、さまざまな議論がなされてきた。身体的器質疾患の場合、世界そのものが変貌してしまい、世界内の誤謬の訂正では済まない事態が出現するが、健常者は、通常その世界に行ってみようと思っても行くことができず、またひとたびその世界に行ってしまえば、帰ろうと思っても帰ることはできない。この場合、体験的世界を再建する必要があるが、それはいっさいの知の出現する場所である行為能力の形成、あるいは自己そのものの形成が前提となる。

この症例では、いくつも興味深い事実が知られている。患者の世界の半分、すなわち見えない視界の部分に、燃えている家の図柄と、燃えていない家の図柄を置くと、燃えていない家をまぐれ当たりとは異なる確率で、選択するようである。しかも、なぜそうしたのかと問うと、よくわからないという。同じように、赤と緑の色紙を見えない視界に置くと、山勘とは異なる仕方で、区別できるようである。[*6]**見えていないにもかかわらず区別できるのである。**とすると感覚のなかには、表象として現れていないにもかかわらず、おのずと区別できる領域があることになる。つまり感知されないが、感受している広大な領域があることになる。これは生きているもの、行為しているものが、おのずと自然や環境とかかわってしまっている基本的な存在モードである。

感覚は、哲学の伝統に従って、自然界からの刺激を受けとるだけの受動的な認知能力だと考えるわけにはいかない。むしろ、感知できるものと感知できないものを、自分で区別している。そして、感知できないものを、見て知るとは別の仕方で区別しているようである。この知るとは異なる仕方で知っている領域を、環境と呼んでおきたい。人間の認知にとっては、環境は底なしの深さをもっており、生きて行為するさいに、既にそれにかかわってしまっている。このかかわりの仕方を、知の側から解明するのが難しいのである。だがこのかかわりに変化をもたらすことができなければ、世界を再建することは容易ではない。

実際手足や体幹に重力を感じとることは、地上で生長するすべての生命体が知っていることである。だがどのようにして重力とかかわっているのかは、誰にもわからない。重力がなんであるかを知り、それによって初めて個体と重力とのかかわりが形成されるのであれば、重力がなんであるかは個体にはよく知られているはずである。だが、既に生きているものは、環境と既にかかわっており、このかかわりのさなかで受容され、感受されているのが重力なのである。**重力は、誰しも知るとは異なる仕方でよく知っている。**この重力の一部を、身体の不透明さとして感じとっているのである。

脳性麻痺の子供で、自分で身体を動かせず、上体を起こしたまま維持できない子供がいる。支えを与えて上体を起こし、自分で自分の体重を感じとれるようになるだけで、信じられないような笑顔が出ることがある。それはまるで、ラファエロが描く天使のような笑顔である。普段寝たきりの子供にとって、自分の身体の重さを感じとることは、未体験の領域である。セラピストが支えを与えてそうした体験を獲得するだけで、ごくわずかだが自分の可能性を感じとっているのである。こうした環境とのかかわりは、環境の自己への浸透と呼んでも、自然の響きあいと呼んでも、言葉に剰余が大き過ぎて、隠喩のようになってしまう。だが重力を物理学的に表記しただけでは、体験している重力のごくわずかをかすめ取っているだけになる。

表象のつくり間違いはありえるだろうか

先の半側空間無視の例で、見えない世界でも区別が行われているのだから、現れとなる表象に問題があり、表象のゆがみだと考える人もいる。この場合、現れなくとも認知は行われており、認知は維持されているが、現れのところだけが半分欠落していると考えているのである。

いま仮に認知科学的に半側空間無視の病理を組み立ててみよう。感覚刺激は判別されており、それぞれの視神経の延長上で、感覚刺激から表象が形成されるさいに、右脳に欠損があるために左側の表象が形成されないままになるというのが、「表象説」である。表象説には、右側の目が左半分の表象を形成し、左側の目が右半分の表象を形成するという仕組みが前提されている。この仕組みが、そのままではほとんどフィクションであることは避けようがない。左右の目から感覚刺激を受容し、それぞれの目で世界の半分ずつの表象像を形成するというのは、ほとんどありそうにないのである。というのもこの仕組みに従えば、片目を閉じて、感覚刺激の受容のところから認知を断ち切り、表象を形成しないようにしてしまうと、世界の表象は半分になるはずだが、実際に片目で認知を行えば、世界は半分になるどころか、そのまま全域が現れている。片目で見れば世界が半分になるということは、ありえないことである。この事態を見込んで、半側空間無視の病理にかかわる必要条件を考えてみよう。

両目で物を見るさいには、左右の目を調整するために、どこかで正中線を決める働きが含まれていると考えられる。しかも、この正中線を引く働きは、世界を半分ずつ精確に捉えるためというより、それによって身体の運動、とりわけまっすぐに歩く、あるいは右にそれたり左にそれたりするさいの、調整のための手がかりになっているような場面で作動している。正中線を引くのは一つの行為であり、それ自体は世界をどのように捉えるかという認知能力ではない。視界が開けているとき、既に正中線が引かれてしまっているのであって、視界の半分ずつを構成するために正中線を引いているのではない。つまり正中線は、体験的行為のレベルで既に働いていると考えられる。実際に半側空間無視の患者に一年生植物をスケッチしてもらうと、最も下の左右の葉は、左右とも描かれることが多い。その最初のスケッチの作業によって直ちに正中線が決まってしまう。いったん正中線が決まると、左側がとても見えにくくなってしまい、そこから上の茎には左側の葉は描かれない。見えにくくなった領域に注意を向けようとしても、注意を向けることができないらしい。この事態は、自分自身で軽度の脳卒中を患った医師である山田規畝子さんが『壊れた脳　生存する知』で精確に記述している。

なにかを「知る」ために正中線を引くわけではない

そうなると視界に正中線を引く働きと、それを基に視界の内実を形成する働きが、レベルの異なる場面で二重に働いていると考えたほうがよい。こうした体験的行為を含んだ仕組みを考えることは、現行の認知科学ではまだまだ難しい。認知科学にとっては、体験的な行為の部分と認知的情報の部分を組み合わせなければ、こうした事態に対して有効な仮説設定ができないように思われる。体験的世界の現れを詳細に調べる方法的な学問が、現象学である。[*7]その現れのなかには、知だけでなく、正中線を引くというような行為の部分が含まれている。少なくとも正中線を引く行為は、なにかを知ることではなく、一般的に考えると、現れのなかには既に含まれているが、それ自体は現れているものではない。この場合、この行為の部分にかかわり、行為の形成にかかわるような事態を解明する方向へと、現象学そのものを拡張しておかなければならない。

世界が変容する可能性を見込めば、世界の図柄を大幅に変更したデザインの可能性が生じる。まず世界半分が視界のなかで消えてしまう図柄を描いてみよう。建物を見たとき、半分が欠けてしまう図柄である。前方斜めに置かれている自転車や自動車の左半分が欠けてしまうような図柄となる。こんな図柄はかつてはただのフィクションだと思われていたが、いまや起こりうる世界の現実なのである。

左半分が欠けた世界

次に自分の目を左側に寄せ、正中線を左と中央の間に人為的に設定し、その視界を描いてみよう。まず、視線をまっすぐに見た状態から左側に寄せていき、左45度のところで止めてみる。その状態を維持したまま世界を描くのである。左側は常に狭く45度以内の視界であり、右側は135度に広がった視界である。すると回転角度の遠近法と呼ぶべきものが成立していることがわかる。この世界のなかをまっすぐに歩くことは、健常者にはとても難しい。

認知運動療法のはるかな射程

半側空間無視のような疾患に対して、有効な治療法を提示したのが、先のカルロ・ペルフェッティである。脳の可塑性を最大限に発揮させるために、身体行為とともに認知機能を活用する治療法を開発した。それは認知と行為が連動する認知行為システムに介入するような治療法である。この治療法は開発工夫の余地が大きく、天性のセラピストが出現する。ＯＴ（作業療法士）の中里瑠美子さんやＰＴ（理学療法士）の人見眞理さん（故人）は、創意あふれた治療に敢然と踏み込み、人間再生のための回路を切り開いていた。以下の症例については、中里さんのデータを活用している。

机の上に右手を置き、それに平行するように左手を置いてもらおうとすると、患者にとって見えない左側に手を置くのだから、これはとても怖い動作である。真っ暗闇の壺のなかに手を突っ込むようなものである。そのため最初は、見えない左側の視界に手を置くことさえできず、無理に机の上に手を置いてもらうと、右手のすぐ近くに手が置かれてしまう。視覚に訴えて視覚を改善することはもとよりできない。そこでまず応答可能な認知行為の局面を探し出す。左手を引っ張ると、「痛いじゃないか」と患者は反応する。すると筋出力調整を活用できることがわかる。そこで机の上に中央に支点のあるシーソー板を置き、右手を右側に、左手を左側に置いて、手の位置と手に込める力の違いで、左手でさまざまな微妙な違いを感じとることができるように設定する。最初に感じとられた身体内感の差異が、「最小差異」である。この最小差異が感じとれれば、身体動作に調整機能が生まれる。それと同時に脳神経システムに形成運動が起こり始める。

最小差異は、身体とともに感じとるものである。そのため純粋に差異を知ることが遂行されているのではなく、差異を感じとるとともに、力の込め方の調整が獲得される。それと同時に、バランスをとるとはどのようにすることなのかという試行錯誤のための手がかりが獲得されている。そこで左右のバランスがとれるようになると、今度は左側の手を閉眼で五目板の上に置き、開眼して手が五目板のどこに置かれていたかを特定してもらうのである。

行為の特質は、常に選択肢に直面することである。行為はしないこともある。そうでなければ身体は、機械仕掛けの道具になってしまう。また、行為遂行には成功もあれば失敗もある。うまく実行できることもあれば、うまくいかないこともある。風邪にかかること自体には、成功も失敗もなく、そのためそれは行為ではない。風邪にかからないようにする予防行為には、成功も失敗もある。成功と失敗に分かれることのなかに、どうすればよいのかについての気づきが生まれる。

この治療法は、微細な認知行為能力まで形成できるので、道具をうまく作製すれば、認知症、ボケ防止、あるいは児童の能力の形成に至るまで、さまざまな場面で活用できる。そのためのツールも作製できる。身体行為を含めた能力の開発は、新たな領域であり、将来の課題である。二〇〇六年四月に「障害者自立支援法」が施行された。この法律は、実質的に片麻痺や失行のような理学療法、作業療法系の患者への医療保険給付の打ち切りを宣言したものである。一定期間を過ぎれば、治療には保険が適用されない。多くの反対運動と署名活動が行われたにもかかわらず、この法律が手直しされる見込みはあまりない。そうだとすると、家にいて家具にもたれかかり、家具に触れているだけで、治療効果が期待できるようなツールが開発されれば、かなり事情は改善される。病院でのリハビリは多くの場合、週一回もしくは二回である。それ以外にも自宅で治療効果のある家具などが工夫できるのであれば、まちがいなく望ましいことである。治療効果が出て、家具としても配置できるようなツールが仮にうまく設計されれば、特許もしくは実用新案に値する。こうしたツールの開発は、まだ始まったばかりである。

＊1　イタリアの神経内科医であり、創意にあふれたアーティストでもある。理学療法・作業療法系の疾患に対して、認知運動療法という独自の治療法を編み出した。例えば元読売巨人軍の長嶋茂雄は、脳梗塞によって右側に麻痺が残っているが、随意的に動かない右の手足には、関節疾患も筋肉断裂も骨折もない。脳神経に疾患の座がある以上、神経の可塑性を最大限に発揮させ、脳神経系の働きをつくり出すことが必要となる。そのさい体験レベルでは、行為と認知は密接に連動して作動している以上、認知能力を最大限活用しながら、行為能力を形成していくことが最も有効な治療法となる。

＊2　「練習問題∞」注＊11を参照。

＊3　「練習問題1」注＊10を参照。

＊4　「練習問題3」注＊5を参照。

＊5　アメリカの神経学者。症例を患者本人の世界が理解できるように描くことのできた医師で、脳神経の中枢性疾患を描くさい、傍観者から記述した世界でもなく、内面に投影した世界でもない、体験レベルでの患者の振る舞いを描くことができている。日常生活では喜怒哀楽の起伏の激しい人だったようで、小さなパーティーを抜け出し、土砂降りの雨の中で一人おいおいと泣いているようなこともあったという。

＊6　像として浮かんでくるものの総称。感覚・知覚によって像として捉えられている場合や、昨夜の晩御

飯の風景のように想起によって捉えられている場面や、空中に浮かぶ巨大リンゴのように見たことがなくてもイメージによってはっきりと造形できて捉えられる場面などがある。

＊7　「練習問題1」注＊2を参照。

練習問題10　見えないが自明な行為の手がかり——遂行的イメージ

イメージは現実を知ろうとする働きではない

イメージは、現実の感覚・知覚とは異なって、むしろ空想や虚構にかかわり、まれに成功した場合には想像性や創造性にもかかわるのだと多くの人は考えている。しかし、イメージは、感覚・知覚に並ぶ現実を知るためのもう一つの働きなどではない。イメージでまだ見たこともないものをつくり上げてしまう場合、現実を知ろうとして、そうした像をつくり出すわけではない。イメージの働きは、経験そのものを形成したり、経験を固有の仕方で組織化したり、身体行為の手がかりとなったりすることにある。つまり、イメージは、かなりの部分で、知ることとは異なる働きをしている。

例えば、身体動作とともにあるイメージは、行為のための予期[*1]である。その場合、イメージは、感覚・知覚のような明確な輪郭をもたない。だが、それがなければ、行為の継続の手がかりになるものが少なくなり過ぎる。こうしたイメージを「遂行的イメージ」と呼んでおきたい。遂行的イメージの代表的なものが、顔であり、身体である。狭い通路を通り抜けようとするとき、おのずと身体の向きを斜めにしている。もちろん思いのほか体形が変わってしまっていて、すり抜けたつもりが出っ張った腹部を擦りつけることもある。だが、どの程度身体を傾ければよいのか、大まかにはわかっている。このとき自明なかたちでよくわかっている領域が、身体のイメージである。近所のネコがエサを食べに来て出て行こうとするので、玄関のドアを小さく開けてやると、全身を蛇行させてドアに触れないように出て行く。

このときネコが自分の全身を見て知っているわけではない。だが、それがどのようなものかはよくわかっている。**見て知るとは異なる仕方でよくわかっている広大な領域がある。**これが遂行的イメージである。一般に体勢感覚野[*2]と補足運動野[*3]の連動する連合野に、こうした遂行的イメージの座があると予想される。

日常の振る舞いのなかに組み込まれたイメージ

日々自明なかたちで用いている遂行的イメージは、本当のところそれがなんであるかは判然としないが、なくて済むということはありそうにない。自分の写真を見るとき、そこに写っているものが、2割落ち、3割落ち、あるいは2割アップ、3割アップの写りだということは、即座にわかる。人によって全般的に写真写りが良い人と、悪い人に分かれるようである。ところでアップ、ダウン以前の10割の顔は、いったいいつ見たのだろうか。映ったものは、たとえ鏡であっても2次元的切り取りや2次元の射影であり、自分の掛け値なしの10割の顔は見ていないはずである。見ていないにもかかわらず、それがなんであるかはよく知っている。通常自分の顔は見ることができない。だが、それがなんであるかはよく知っている、と確信している。そうでなければ毎日自分を指標する紛れもないシンボルとして、顔を社会にさらして生きていくことに直ちに困難が生じる。

顔は社会にさらされたとき、その人物にとっての象徴となる。見ることができないにもかかわらずよく知っている経験領域では、イメージが働いている。顔については、イメージと現物との間を比較対照することができない。そのため、顔のイメージは、現実をより豊かに解釈し、現実を別様に捉えていくようなものとは異なる働きをしている。少なくとも現実の感覚・知覚の補完物ではない。しかも、このイメージは、それを欠けば社会的行為に直ちに欠損が生じるが、それがなんであるかを確定することはできないものである。むしろ、それは日常の経験の振る舞いのなかに組み込まれた遂行的イメージである。

経験そのものの動きと顔のイメージとの間には、距離がない。それを対象としてどこか距離のある位置から見ているようなものではないが、見て知るとは異なる仕方でよく知っている。顔や身体のイメージは、本来知るものでもわかるものでもないが、ともに経験のさなかを動いている。あるいはそれを手がかりに行為を遂行している。この自分の顔がどのようなものであるかの確信は知の確信ではない。**むしろ実践的行為のそれなしでは済ますことのできない確信である**。この確信には、必然性の感情が伴っている。ここでの必然性は、論理概念ではなく、経験のさなかにおいて、既にそれを通じて体験的に生きてしまっていることであり、否応なさのことである。オートポイエーシスは、経験の動きのさなかで、経験が自らどのように形成されるかを問う。そのさい作動のさなかでおのずと形成されたものが、経験の自己である。この自己は、知るものではなく、ましてや知られたものではなく、自らを組織化し、自己を制作し、一般にそれ自体で行為するものである。この経験の組織化に、遂行的イメージが決定的に関与している。そのため、本書ではイメージを手がかりにして経験を再組織化するさまざまなエクササイズを設定してきたのである。

自らの顔に固執する画家たち

レンブラントの自画像

アーティストのなかには、自画像というテーマに執着する人々がいる。多くの画家たちは、一枚くらいは自画像を残しておくか、デッサンの練習用に自分を題材にして描くかのいずれかである。だが少数だが、自画像が主要な作品群になっている画家たちがいる。執念をもって自画像にかかわる人たちであり、精確に描くこととは別に、自分の顔に執着する人たちである。レンブラント[*4]や、哲学者を祖先にもつフランシス・ベーコン[*5]は、何度も自分の顔を描こうとしている。自画像に固執する画家にとって、顔はかぎりなく表面に近い存在でありながら無限の深さを備えている。何度も何度も確認するように描くが、終わりがないのである。自分自身は、誰よりも魅力のある

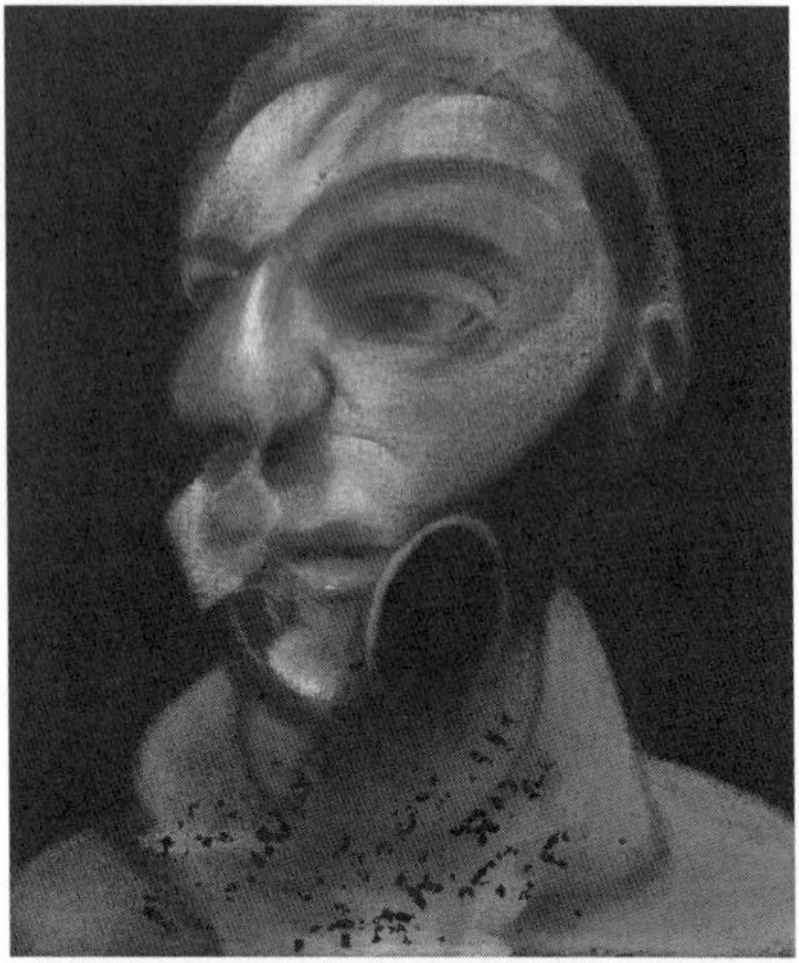

フランシス・ベーコンの自画像

被写体である。またベーコンの意図して崩した自画像には、自分自身への屈折、韜晦、思うに任せないこと、苦悩の先の充足、いらだちの手前のどうしようもなさのような思いがこもってしまっている。だがいずれも自分の身体をしきりになめ回すネコのような動作で、自画像を描いている。

実は顔のように特殊な関心を向ける事象で起きていることは、発達の場面でも広範に形成されていたものである。例えば1歳以下の幼児が微《ほほ》笑《え》みに微笑みかえすようになったとき、さらにさまざまな動作を行ってみる。幼児の前で舌を出す動作を行うと、やがてまねるようになる。このとき幼児は、舌を出している自分自身を見ることはできず、鏡の像を見て対応しているわけではない。にもかかわらず舌を出す動作が、相手に呼応した動作であることを、見て知るとは異なる仕方で対応できている。それが比較的面白い動作であることも感じとっている。呼応動作の習得には、相手の身体動作に対応して、どうすれば同じ動作ができるかについての原初的な理解のようなものが含まれている。自分の身体体勢のどういう変化が相手の動作に対応しているのか、動かしている部分がどういうふうに動いているかについてのイメージをもっている。この理解の中心にあるのが、遂行的イメージである。するとイメージは想像的な高次機能というより、**見えない膨大な世界に対して経験を組織化するために既に活用されているのである**。

このイメージは新たな身体動作に踏み込んだときには、常に働いている。初めて逆上がりができるようになったとき、鉄棒の上を腹部から上体が越えていくときの感触とイメージは、次の逆上がりの試みのさいには必ず働いており、初めて自転車に乗ることができるようになったときにも、ペダルに乗せた重心の移動の感触が残っている。だが何度も繰り返してこうした動作に習熟すれば、手続き記憶のほうが働き、動作の図式が形成されて、初めてできたときに感じとった身体イメージはまたたく間に解消されてしまう。そのためこうした遂行的イメージには気づかなくなってしまうが、経験が形成されるさいには不可分に関与している。

イメージの記憶は「第三の記憶」

またこうしたイメージは、記憶の組織化という点で独特の意義をもっていると予想される。記憶についての認知科学的な説明では、30年ほど前のスクワイヤーの議論以来、明示的記憶（エピソード記憶と意味記憶）と非明示的記憶（手続き記憶）に分けて考えるのが主流になっている。物事を前後関係で配置して記憶する場合にはエピソードが組織化され、砂漠の暑さのように一度も経験したことのないものでも意味として記憶される。それらは表象でき、それとして理解できるので、明示的、外示的記憶だと呼ばれる。他方、自転車の乗り方のような、いったん動作が開始すれば、おのずと作動する記憶は、それとして表象できない点で、非明示的、内示的記憶だと呼ばれる。[*6]

ところがイメージは意味でもエピソードでもなく、身体行為にかかわるような動作の系列でもない。3歳頃までは、主に直接場面や情景のイメージが記憶される。これは現実に存在しなかった場面や情景を含むので、表象の記憶よりもはるかに裾野が広い。むしろイメージされたものが直接現実性をもち、それが直接記憶されるのである。この幼児期に主要な記憶機能であるイメージ記憶は、大人になっても保持されており、経験が新たに形成される場面や不連続な経験では、前景化する。そのためこれを「第三の記憶」と呼んでおきたい。発生的な由来から見て、これを意味記憶と手続き記憶の混合体とは考えないほうがよいと思う。この記憶は、かなり制御することが難しい。

既に述べてきたように、地面からかかとをもち上げるさいに、地面とかかとの間に青空を感じ取ったり、息を吐くさいに、地下室の扉を開くような情景をイメージしたりすることは、こうした身体動作を記憶に落ちやすくし、かつ動作の記憶の組織化を進める。それによってこの動作にとって動作の外に手がかりを増やしてくれる。逆上がりが初めてできたとき、身体が鉄棒の上を越えていく瞬間に、抜けるような青空が視界に広がったとすれば、次に同じ動作を行ったとき、このイメージが動作の手がかりとなる。動作とイメージは一対一対応する必要はない。逆に幼少期の恐怖感とともにあるイメージのようなものは、記憶の制御がかかりにくいので、別のイメージと接続してしまったほうがよい場合が多い。私は無謀な中学生だった頃、階段で逆立ちしようとして、現実にはそれを実行しなかったが、当時の緊迫感は今でも残っていて、そのときの情景を思い浮かべると、緊張感でぞくぞくしていた。そこでなんども逆立ち状態から、ウルトラCで着地するイメージとつないでいった。これはイメージをエピソード化して、制御の容易な記憶に転換してしまう作業である。イメージは記憶の組織化に決定的に関与する働きであるが、活用法はいまだ開発されていない。

運動とともにあるイメージのなかで、一般には動きながら前後左右の区分がつくり出されている。動きながらその動きによって向かう先と、過ぎ去ったあとという区分ができ、相互に配置されると前後を形成する。進行方向を斜めに取り、前方で遠ざかっていく側と向かっていく側の区分が生じ、それらが相互に配置されると右、左に分かれる。こうした身体移動を伴う空間の区分はとても基本的なもので、言語のつくりにも反映している。こうした身体動作をベースにして言語や認知が形成されると考え、心と呼ばれるものは常に「身体化された心」であり、そこから言語が身体動作からのメタファーだと考えたのが、ジョージ・レイコフとマーク・ジョンソンの議論[*7]である。

イスとネコを融合させる

イメージは、なんらかのかたちをもたなければならない。それが仮に未定形であっても、常にこのものという具体性をもたなければならない。逆にこのものという具体性をもてば、表象や像のようにくっきりした輪郭をもたなくてもよい。私の背中は、まちがいなくイメージされているが、明確に描こうとすると背後から撮った写真の一部のようになってしまう。身体のようにもともと像になった途端に別のものになるようなものや、丸い四角のような言語の架空の組み合わせでは、それらがなんであるかがわかる手前で、イメージされている。

ところが抽象語そのものにも同じようにイメージが関与している。イスという語に対してさまざまな具体的イメージをもつことができる。三足イス、五足イス、六角イスのように具体的イメージを思い描くことができる。ところが家具という語に対応するイメージを描こうとすると、直ちに当惑してしまう。家具一般の具体的イメージをもつことができず、無理にイメージしようとすれば、カテゴリーを変えて具体化するか、イスともテーブルともベッドともつかぬものを合成するかである。このとき家具は、意味として理解されている。意味による組織化と制御が直ちに働くために、イス兼テーブルがつくられることはあっても、イスと果物とネコが混合するような合成物はまず形成されない。例えばイスとネコの合成物で、いったいなにを作れば合成物をつくったことになるのかがわからないのである。

種や類型を超えた合成物を一度考案してみてほしい。ネコのかたちをした背もたれのイスや、足の先がネコの手に似たイスのようなものが、せいぜいのところだろう。この場合、イスの装飾にネコが使われているだけである。よほどのことがないかぎり、イスとネコの合成物をイメージすることはできない。とするとイメージは種や類型を超えて働くことはまれで、家具のように直接イメージできないが理解されているものは、概念的意味になっている。種や類型以上は基本的に概念であり、概念が入ってきた段階で、人間はあまりにも便利なものを手にしてしまうために、イメージの働きを忘却することになると思われる。

生き物の種の混合は、伝統的に「キメラ」と呼ばれ、馬の頭にライオンの首が乗っていたり、人間の下半身が魚だったりする。これらは直ちに合成物だと感じられるところをみると、種をまたぐさいには直ちにイメージの貧困に直面する。それと同時に種は生存をかけるほど信用のおけるものらしい。種がなんであるかは決まらないし、進化の仕組みを考えるかぎり、種という枠は本当はなくてもよく、場合によってはないほうがよい。個体の変異幅に強い制約をかけているからである。どうして種という枠があるのかは、それほど明確な理由があるわけではない。にもかかわらずそれがなんであるかは誰であれよく知っている。

リンゴの本性を知るために、さまざまな形状や色合いのリンゴを集めてきて、共通の性質を調べ上げ、取り出すとする。これは経験科学的な抽出法（帰納）である。ところが調べるに先立って、リンゴを集めてくるさいに、カキやナシやミカンは取り除いているはずである。ということは調べるに先立って、リンゴがなんであるかをよく知っていることになる。しかも、それがなんであるかを問われても答えることはできない。説明はできないが、リンゴとそれ以外のものは区別できるのである。このよく知っている部分に相当するのがリンゴという種のイメージ的直観であり、これは概念でも、概念に対応する意味でもない。しかもリンゴという語がなくても、こうした区別は実行できる。

自分の触覚的なイメージを掘り当ててみる

触覚的イメージには、直観はできないが、より大枠でそれがなんであるかを理解している場面で働いているようなものがある。世界のなかには、湿って冷たいもの、乾いて冷たいもの、湿って暖かいもの、乾いて暖かいもののように、触覚的にはっきりと区別されるものがある。乾く－湿っているという湿度の感触と、暖かい－冷たいという触覚的な温感は、生存に直結するような感覚質である。実際、湿り気がまったくなくなると味も匂いも消えてしまう。タンパク質を冷凍乾燥して、干からびた白い粉にすると、まったく匂いはなくなる。舐めてみると、舌の湿気で流動化してきてやがて味が出てくる。湿気と温感を交差させて四種類に分類すると、伝統的な元素である、水、土（大地）、空気、火という四元素（アリストテレスの四大元素）が出てくる。これらはすべて触覚的な感覚質に対応している。触覚で感じとっているものは、特定のかたちをもたない。**湿感や温感はなにかに触れているが、触れたものにはかたちがない。**

また触覚的感覚質の本性上、それらには深さが出てくる。触覚的感覚質を語ろうとするさいには、否応なくイメージを用いている。これは語りの問題ではない。水も火も空気も土も既にイメージのなかで捉えられている。誰もが最も鮮明に想起できるイメージ像を思い浮かべて理解しているのである。雪が降り、ひとしきり大地を覆いつくした翌日の午後、うっすらと日の差した寒空の下で、雪はまばらに溶けていき、地肌がうっすらと浮かんでくる場所、白く雪に覆われたままの場所、分厚く不透明に雪が盛り上がった場所のように分かれてくる。このまばらに溶けていく雪には、日差しだけでなく、大地の体温がかかわっている。私が思い浮かべる大地は、そうした情景である。あるいはそれは、私にとっての大地の原風景と呼んでよいのかもしれない。

水については、直ちに渦巻きが思い浮かぶ。水が渦のなかへと巻き込まれ、くぼみへと落ち込んでいく瞬間、一瞬だが水は止まる。渦のなかへともぐりこむ手前で、水は一瞬、躊躇する。そして、ひとたびもぐりこんでは、しばらくして再び大気中に噴出するように盛り上がってくる。これも、私にとっての水の原風景である。人には、固有の原風景があると思う。それぞれの人にとっての四元素の原風景を思い起こしてみてほしい。

こうした触覚的領域のイメージを探ろうとすると、感覚質が細かくなり、感覚の内面へともぐりこんでいくような記述が必要となる。それは言語を言語とは最も遠い距離にある領域に届かせるような企てとなり、散文詩のかたちをとる。また触覚的感覚が、特定のイメージに固定されることはありえないので、イメージにかたちを与えようとすると、感じとられたものからかぎりなく飛び出していくような感触が生じる。これが想像力だと呼ばれる。こうした記述の名人芸を実行したのが、哲学者のガストン・バシュラール[*8]である。バシュラールは、意識の手前で働いているこうした触覚的イメージを「物質的想像力」と呼び、精神分析になぞらえた記述を行ったのである。

物が自らを表現する世界

触覚的イメージは、それを言語に写しとろうとすると、深さという次元が生じる。そのためバシュラールは「深さの遠近法」が必要だと言う。またそのことは物の内面に言葉を届かせようとするさいの内面性の度合いを問うことでもある。意識が眠りから覚めるように、物は自らに目覚めて、自らを表現する。こんな比喩でしか届かないような世界がある。感情や意志は内的に働き、自ら自己表現として現れる。物の現れは、それを見ている観察者からは、物とその現れの組み合わせで考察することはできるが、物が自らの意志で自らを表現したものだと考えると、ここに固有の自己表現の世界が生じる。近代科学と比較対照すれば、こうした構想はただの擬人法、あるいはアニミズムにしかみえないかもしれない。ただし、これは19世紀の初頭までは繰り返し、さまざまな装いで語られてきた構想なのである。スピノザ[*9]もショーペンハウアー[*10]も、こうした物とその自己表現という構想をとっている。見えるということは、物が自らを表現しているのである。

実は引力、斥力という動力学の概念でさえ、当初こうした物の内的本性と外的自己表現という仕組みから発想された。物に本来的な内的原理である斥力、引力が働き、それが現実のかたちをとったのが物の現れである、と。この構想の行き着いた先は、今にして思えば、予想外のものだった。力の一般的な学説を経て、やがて多義的になり過ぎた「力」という語は、ギリシア語由来のエネルギーという言葉に置き換えられていく。

この過程で、エネルギー保存則の登場に対応するかたちで、自然科学から個体が消えたのである。個体は自らで存在し、まさにそのことによって自己である。そのため個体は、常に世界の不連続点である。世界は無数の不連続点に満ちている。固有に世界の不連続点であるものを自ら思い描いてほしい。生命も心をもつ存在も、それぞれ固有に世界のなかの不連続点である。だがエネルギー保存則の下で個体を捉えようとすれば、エネルギーの不均衡な塊のようなものになってしまう。それはエネルギーの場のなかで割り当てられた一つの滞留点のようなものである。しかし、個体という場面で世界を見ていけば、個体には際限のない深さがある。つまり、個体の固有性という点で、現行の経験科学では届かないような深さの領域があり、そこには発見と制作の場所が残っている。

触覚的な感覚を物の内面へと向ける

個体性という点では、なお内的原理とその表現という仕組みは残ると思われる。この仕組みの下で、触覚的な感覚を物の内面へと向けるのである。ただし、そこで記述されたことは、例えばバシュラールであれば、彼にしか実行できないところがあり、まねをすれば常に二番煎じ以下になるという危うさをもっている。つまり、およそ経験科学的な記述とは折り合えないような記述が生まれるのである。しかも表現されたものが比喩であるのかないのかが区別できなくなるような稜線をたどっている。それがイメージの現実性である。少し例を挙げよう。

湖は大きい静かな目である。湖は光をすべて奪い、それでひとつの世界を作る。彼によって既に世界は凝視され表現されている。彼はまた世界は私の表現だということもできる。湖の傍《かたわ》らにいると、活動する視覚作用という昔の生理学理論が理解される。

物のまなざしが少しやさしいとすれば、少し重苦しくて物思いに沈むのが水のまなざしである。想像力の検討は、一般化した視覚の想像力のなかで水が思いがけない役割を演じるという逆説にわれわれをみちびく。大地の真の目は水である。われわれの目のなかで夢想するのは水なのだ。

深さのイメージなしで真に過去を叙述できるのだろうか？　そして、もし深い水の岸辺に瞑想することがなければ、満ちた深さのイメージがいつ得られようか？　われわれの魂の過去は深い水なのである。

およそこんな調子であり、比喩にも紛れもない天性の比喩があるということを思い知らされる。散文的に解説してしまえば、なにもかも台無しになるが、解説しなければ全身の肌の一歩先に常に漏れ出てしまっているような比喩である。あるいは誰かが語ってしまえば、それが誰であっても、二度とそれを類比的に語ってはいけないような比喩がある。さらには、これらの比喩を通じて何かがわかったとき、既に過度にわかってしまった場所へと移動しているような比喩がある。いくつもの理由から、バシュラールのイメージは、気がついたときには過度に物の内面へと入り込んでいる言葉によってかたちを与えられている。

水のなかに感じとれるのは、通常流動性であり、無定形性である。ところが深さの遠近法によれば、水のモードはまず重さである。どんよりとよどんだ水を重い水だと言えば、少し比喩的である。草津温泉から白馬に抜けるビーナスラインの頂上付近には、白根山の火口跡がある。ここに草津温泉よりもっと濃い青緑のカルデラ湖がある。ここの水は「重い水」の典型例である。風が吹いても波立たず、光によって色合いの変わることのない水である。こうした重い水だけではなく、さらに「眠っている水」があるという。ただどんよりしているだけではなく、**意識の覚醒にあらがうように停滞し続ける水**である。

際限なく自らを超え出ること

イメージのなかには、経験が自らを超え出ることにかかわり、しかも際限なく自らを超え出ることにかかわるものがある。見かけ上これは無限性にかかわるものにみえる。だが、いっさいの無限性とは独立に、不断に自らを超え出るものがある。例えば瞬間はイメージできる。これは時間軸上に線を入れられ、時間的に配置された「いま」のことではない。つまり瞬間は、それ自体一つの出来事であり、他のなにものによっても部分‐全体関係に入ること

波立たず、光にも色合いの変わらぬ「重い水」(白根湖(白根山頂上))

山が切り取られたような立ち上がる絶壁(玄武洞(城崎))

はない。瞬間とは、持続のなかの個体性である。そして、その瞬間にしか捉えられないことがある。

　鳥取の兵庫側県境の海岸沿いは、海岸から小高い山が切り立っている。この山沿いは、海沿いと言っても同じである。つまり延々と続く海面から立ち上がる絶壁である。この絶壁を上下動を伴って蛇行するように山道が続く。鳥取県の郊外から城崎まで続くこの道路は、小高い山の起伏に合わせて何度も峠越えのような眺望が開ける。眼下に広がる海と、くっきりと境界をもつ山のまるで切り取られたような風景である。峠は、越えてきたものの余韻と、直ちに下ることの予感に満ちている。その瞬間の世界は、前後関係からも、再現可能性からも切り離されている。部分－全体関係での配置がきかず、かつそれ単独で捉えられているものは、ほとんどの場合、イメージを基調としている。そして、創発的な経験は、誰にとってもイメージの世界を通じて獲得されていくのである。

＊1　「練習問題1」注＊1を参照。

＊2　一般には触覚にかかわる脳の部位で、「体性感覚野」と表記されることが多い。視覚野とは離れた位置にあり、相対的に運動野の近くにある。ただし、触覚性の感覚は、なにかに触れるさいにも、物に触れる局面と触れている自分自身を感じとっている局面に分かれる。後者の局面で最も重要なものの一つが、姿勢やバランスを感じとっている働きである。そのことを特に強調するために、「体勢感覚野」と記している。

＊3　脳の中央部の運動の実行を司る運動野のすぐ前にあり、運動の準備や運動の動作イメージに関連して

いる。走り高跳びの選手が助走を開始するさいに、運動のイメージを描いていることがよくあるが、そのときに活動している部位だと考えられる。運動前野は、運動の計画や組織化に関与していると考えられる。

＊4　オランダの画家。光の画家と呼ばれ、光の当たる位置がはっきりわかる陰影のくっきりした肖像画を描いた。肖像画では、同時代の第一人者であるが、貧困に苦しみ、自己破産している。自画像も、年代に応じておおよその年齢がわかるほど表情に富んだたくさんのものを描いた。

＊5　アイルランド出身の画家。当初家具デザインや室内装飾を手がけ、後に写真や複製を参照しながら、徹底的に独特の変形をかけた人物像を描いた。室内の人物を描くことが多く、室内そのものはごく普通に描写されているのに、人物は異様なほど変形を遂げている。

＊6　「練習問題9」注＊6を参照。

＊7　言語のなかには身体動作や身体運動を含んだ言語表現がたくさん含まれている。例えば日本語で「雨が上がる」というとき、空間内で雨滴が大気中を上昇することではないことは、誰であれよく知っている。当然ながら雨がやむことである。すると「上がる」という動詞は、ここではなんらかの比喩的な働きをしている。由来はおそらく「切り上げる」、「仕上げる」のような動作語からの転用にあると考えられる。レイコフとジョンソンは、このタイプの語を英語のなかで網羅的に取り出して分析した。そのことからさらに進んで、言語のなかには身体動作が内的に含まれることを起点にして、身体動作を基にした哲学を展開した。

＊8　フランスの哲学者。独特の触覚的感度を備えていた人で、物の原風景的な感触を膨大な隠喩を繰り出して描くことができた。また、それを精神分析になぞらえて深層心理の分析だと考えていた。初期には科学哲学に取り組んだが、彼のイメージ論は現在なお前人未到の水準を示している。

＊9　オランダの哲学者、神学者。無限実体から精神と自然を、幾何学的公理系になぞらえて導き出すスタ

イルの哲学を構築した。解決のつきにくい多くの論理的な仕組みを導入できた人で、神即自然、一にして全のような指針を立てていた。この「即の関係」は彼の哲学のいたるところに見られ、例えば「徳の報酬」は、他人から立派な人だと認められることでもなく、現実的利害との関連で利益を得ることでもない。「徳の報酬は、徳そのものである」。

＊10　ドイツの哲学者。盲目の意志哲学を構想し、ニヒリズムの元祖のように扱われることが多いが、現れている表象とは異なる世界の現実を意志だと考えた。現れた世界は、世界の半分にすぎず、もう半分は現れない意志の世界だとした。1世紀後にフロイトによる「無意識の学説」が登場するが、これも意志哲学の系譜だと考えることができる。

練習問題∞

レッスンの終わりに――オートポイエーシスと発達のリセット

降り注ぐ雨の非規則性と非周期性

小雨の降る日に、露天風呂に浸《つ》かっていると、パラパラと水面を打つ雨が、時には止み、時には激しく降っていることがわかる。小雨は一定量で持続的に降っているのではない。お湯に浸かりながらじっと見ていると、雨の降り方は非周期的で、非規則的であることがわかる。こうした現象はとても多く、人間の血液の流れの速さも、非規則的、非周期的に変動している。しかし、認知症の人の血流はこの非規則性の度合いが小さく、むしろ定型の波形に近づいてしまうようである。降った雨を集めて下に落とす樋《とい》を流れていく水流も、同じように非規則的、非周期的である。

カオスにはもう一つのイメージがある。モチつきで、モチの中に赤い粉を一粒入れておいて、モチつきを繰り返すと、赤い粉はどんどん全体に混ざっていく。この混ざり方はそのつど変わっていき、最終的には全体に均質に混ざっていく。これは「パイこね変換」[*1]と呼ばれるもので、演算が進む（薄く延ばしたり、重ねたり、など）ごとにモチの系全体の状態が変わるのである。もっともモチつきの場合は、最終的に均質に混ざるところまでいって、それ以降は小さな振れ幅のなかで変動があるだけである。だがどこまでいっても均質な全体に到達できないような場合も、無数にある。例えば粘性の物質に取り巻かれながら、ごろごろと転がるたびに物質の中に自分の身体が広がり、系全体に浸透していく感じを思い描いてほしい。

カオス波形を基本とするデザインは、非対称性と非周期性を基調としているが、一見してどこかで見たような感触を与えるものが多い。だが、そのとき図柄を「意味として理解しようとする」身構えた姿勢をとっているのではないかと思ってみることが必要である。なんであるかがわかるように見てしまうのは、意味を手にして以降の人間には避けようがない。どのような図柄も、なにか類似したものと関連付けたり、既に知っているものとして見てしまうのである。そう感じた人は、全身から力を抜き、意味をカッコに入れて、自分の経験を動かすことを試みてみよう。この意味でのカッコ入れは、現象学的還元と呼ばれる。体験したものをそれとして取り出すさいには、意味によって枠付けられてしまったものをカッコに入れてしまったほうがよい。

カオス波形のデザインをテコにして

こうした動きの非規則的、非周期的なかたちをそのままデザインとして活用することができる。これはデザイナーの木本圭子さんが踏み込んだ世界である。木本圭子さんは、カオス波形の変動を途中で停止させる手法で、それをそのままデザインにするタイプの多くの作品をつくり出した。ある種の偶然を図形化するやり方であり、キャンバスに水を流して、たまたまでき上がる流跡をそのまま作品にするのに近い。そのときには水の物性や水を流すときの勢い、キャンバスの傾きに由来する流れの速さ、さらにはその日の温度、キャンバスの乾き具合、当日の湿度まで利いてくる。しかし、これらは純粋に数学的に形成されているの

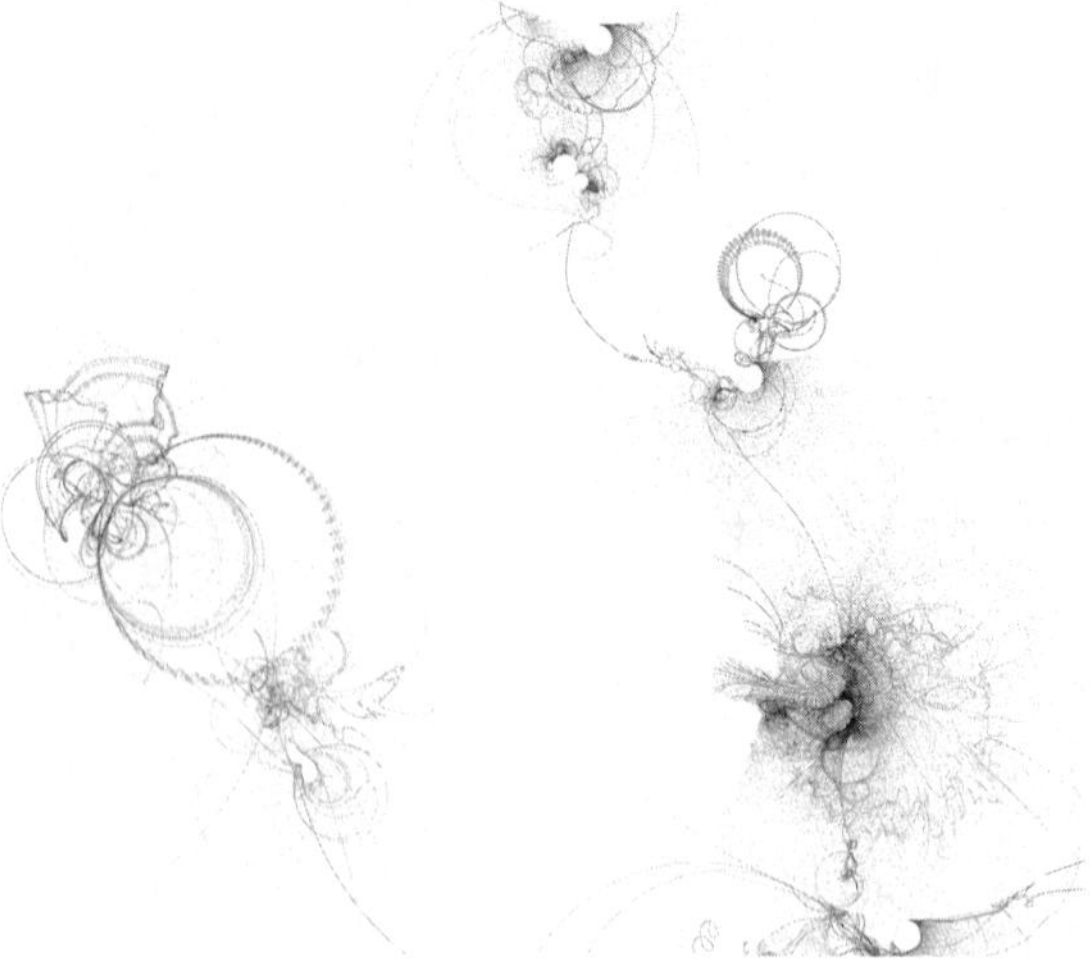

カオス波形を用いたデザイン

で、質料性[*2]にかかわらず、純粋に動きそのものが示す図柄になっている。木本作品をきっかけにして経験を動かし、経験を拡張するためのいくつかの処方を示したい。

　木本作品は、動きの図柄である。第一に動きが最も際立つように三〜四色で着色してみよう。激しい動き、緩やかな動きにふさわしい色を選び、動きを色感の形成へと転化してみるのである。あるいは動きの図柄から和音を想起してみる。音と動きは本性上つながっているので、それぞれの図柄に音を対応させてみる。この課題は、共感覚の箇所で試みたものと同じであるが、図柄に色をつけるさいには、面のかたちと面の広がりが利いてくる。

第二に提示された図柄を静止画像としての影だと考えてみる。するとこの影をもたらす動きの本体を3次元的にイメージすることができる。動きは一般に見ることができない。見えるのは動いている「もの」だけである。そこで、見えている図柄を影だと考えて、この影をもたらすような動きの本体を3次元的にイメージするのである。この動きの本体は一通りには決まらないが、にもかかわらず動きを視覚的なアレンジとしてではなく、触覚的なうごめきの感触の射影だと感じとることができる。

第三に提示された図柄の少し前のかたちや、少し後のかたちをイメージしてみる。多くの作品は、1分前後のカオス波形の動きの系列の断片である。この断片の前後をイメージするのである。これらの断片は、前後の余韻を残すから動きの断片であり続けている。それはうっすらとした記憶の淵に光を当て、意識の辺縁の感触を呼び起こすのに似ている。そうした作業に近づくように、前後の図柄をイメージしながら、それぞれの図柄を見るのである。

第四に印刷された作品を拡大コピーし、そのコピーをゆがめて起伏をつくり、空間に質料的な襞《ひだ》をもたせてみる。図柄ごとにふさわしい空間の起伏があるはずである。ディスプレイの画面や紙面があらかじめ平面になっていることは、実は空間イメージに否応ない制約を与えている。この制約を解き、動きに質料感をもたせるために、紙面をさまざまにゆがめてみるのである。このゆがみのなかで、線の起伏が見えてくるはずである。

さらに第五にこれらの図柄全体の配置を変えてみる。図柄相互の配列は一通りには決まらず、これらの図柄を手にする人がそれぞれに構成することができる。基本形を見いだし、そこから派生形へと配置すれば、フラクタル[*3]系列に近く、動きの変形の度合いで配列すれば、かたちのメタモルフォーゼ[*4]に近い。これによって各人のシステム・アートを実行することができるはずである。これらを通じて自分自身の経験の動きに快感を感じることができれば、既に作品に触れ合っているのである。

さまざまなシステムの姿

18世紀ヨーロッパで百科全書が編纂されていた頃、知識の全体的配置という意味で、「システム」という語が用いられるようになった。この語がドイツ観念論[*5]に継承され、全体的統合や、自らを組織化するもの、あるいはそれ自体で動きの継続を行いながら自己形成するものというような意味がこの語に加えられることになった。この語が日本語に導入されるさい、「体系」と訳されることが多いのは、哲学用語として導入されたからである。今日では「系」とだけ訳すことが多い。

システムには、さまざまな側面がある。第一に部分の精密な統合による閉じた小宇宙を形成するというタイプである。このタイプには、粘土細工のように混ざって不可分の全体性を形成するものと、部分の形状も性質も維持したまま、なお統合した完結性をつくり出すものとがある。

前者では混ざってしまった後に、元の状態に分離することは難しい。いま練り歯磨きで白と緑の二種のものを用意し、間口の狭いシリンダーに押し込んでみる。押し込んでいくにつれて、白と緑が混ざっていく。どんどんと押し込んでいくと、二色が混ざってしまって、先端が薄い緑になり、手前側はまだ白と緑がまばらに混ざったような状態ができる。さらに材料を追加して押し込んでいくと、最初の部分がシリンダーの反対の端から出てくる。このときシリンダーの外に出てくる部分が、再度白と緑に分離して出てきたらどうなるだろうか。それをイメージしてみてほしい。マクロな半流体物質では、こんなことは起こらない。だが、物性を工夫したり、超ミクロレベルでの物性では、こうしたことが起こる可能性はある。物質が固体と流体の間を行き来したり、個体が消滅しては出現するように物性の移行が起きる境界あたりでは、こうした奇妙なことが起きてもおかしくない。

また、後者の代表が、寄木細工である。寄木細工には部分間を統合する媒体も、全体をまとめる原理もない。部分が固有の形状と配置をもつだけで、たまたま部材が特定の配置になると完結性と閉鎖性が出現する。寄木細工の閉鎖性は独特である。寄木細工に面と向かうと、どこから解きほぐしたらよいのか、すぐにはわからないことが多い。その作品には、一般にそれ以上介入の余地がないのである。手を加える必要もなく、手を加えることもできない。それ以上にその作品の部分に外からの手がかりがないというのが実情である。一つ一つのパーツが配置を得たとき、最後のパーツによってそれへの手がかりが消滅している。

運動とその継続によってかたちや質が変わっていく

システムの第二のタイプの特徴として、自動的に動き続け、この運動の継続のなかで運動の形態やそこを通過する物質の物性を変化させていくものがある。自動機械は見かけ上自分で動く。自動的に動きを継続するものは、そこに固有の仕組みがある。その仕組みがシステムの本体である。水車は、位置エネルギーに由来する水の直線運動を回転運動に変換する。この回転運動が、粉引きや水くみのような仕事をする。水くみの場合、水の直線運動を再度水の位置エネルギーに変換する。高いところに一度水を持ち上げて、田畑に水を流すのである。体系的哲学の代表選手であるヘーゲルは、水車を見て狂喜している。エネルギーの変換が自動的に起きることによって、その動きが自動的に継続する仕組みを現実に目の当たりにしたためである。

第三のタイプは、積乱雲や渦巻きのように動き続けることで、一定のかたちを動的に維持しているものである。動きが停止した途端、この形態は壊れてしまう。これは散逸構造[*6]と呼ばれている。動きの継続が、まさにそのことによって特定の形態を連続的に形成し続けるのである。これは動的な平衡状態である。繰り返し繰り返し平衡状態がつくり出されるようなものである。現在の素材開発で、合成樹脂の表面に傷がついた場合、自分で修復する機能をもつものがつくられている。平衡状態にあるものに変化が生じると、平衡点が移動して再度動きがつくり出されて、自動的に修復するようである。オゾン層も何万年も同じ厚さであるところをみると、一方では形成され、一定の厚さになると、それに応じて壊れていく部分もあることになる。この場合、かたちが維持されている部分は、動き続けているものの結果であり、動き続けている総体の一部である。

規則に逆行する可能性――ゆらぎ

システムが新たな動きを開始してしまう場面をイメージしてみよう。いま水の入った洗面器に青インクを一滴垂らしてみる。青インクは、うっすらとゆっくり混ざっていく。そして、2～3日もたてば、ほぼ均質に混ざる。逆にひとたび均質に混ざったものが、おのずと集まってきて、ひとまとまりのインクに戻っていくことはまずない。自然界の現象には、おのずと進んでいく方向がある。一般にそれは系全体の均質さが増大する方向である。この均質さの度合いを指標する量が「エントロピー」と呼ばれ、エントロピーは通常、増大する方向で変化し、系にとって最大になったところで系の動きは止まる。宇宙全体が仮にこの規則（熱力学第二法則）に従うなら、やがて宇宙全体は熱エネルギーの均質な状態になり、宇宙の死が到来するといわれていた。だが、この規則が当てはまらない事象が当初より指摘されていた。それは生命のような開放系と、太陽表面の核融合のように物質そのものが消滅してエネルギーに変わるような場面である。そして、ヴェルナー・ハイゼンベルク[*7]のような理論物理学者は、生命にはエントロピー増大に逆行するような固有の原理があるのではないかと考えていたのである。

統計熱力学的に考えると、青インクの分子はただランダムに動いているだけで、全体が均質になるように動いているはずがない。個々の分子が特定の傾向をもつのだとすると、18世紀に広く見られた「物活論[*8]」になってしまう。十分な時間経過の後は、インクの分子は一様に混ざるが、それは個々の分子のランダムな運動の結果である。そこでハイゼンベルクは、結果としてランダムな分子の動きのなかで、極端な動きをしているものは相互に打ち消しあって、結果としてそれぞれの分子の平均距離は一定の値に近づく、つまり均質に混ざり合っていくと考えた。分子間の距離を統計処理すれば、平均的な距離のところに最も多くのケースが集まる正規分布[*9]のようになる。もちろん平均値より長い場合も短い場合もあり、裾野はなだらかに広がっている。

このとき物理的な規則性は、最も統計的頻度の高い傾向のことである。そのことは逆に最終的に平衡状態に達していない系であれば、規則性に逆行する可能性が系のなかに含まれていることを意味する。この確率的な可能性が、「ゆらぎ」と呼ばれるものである。そのため「ゆらぎ」は、物のような物体ではなく、それだけを単独で取り出して示すことはできない。だが非平衡状態にある系では、必ずどこかに含まれている。規則に逆行する可能性がなんであるかがわからないままどこかに含まれているような図柄をデザインしてみよう。こうしたデザインが一通りに決まるわけではないが、なにやら胸騒ぎのするような契機が含まれていることはまちがいなさそうである。

さて、再度この場面で時間経過を導入する。分子間距離の統計的分布は、正規分布のようになっている。この分布は時間経過とともに中央が高くなり、裾野が減ってくる。こうした推移がなぜ起きるのかが、時間が非可逆になる理由になっているはずである。物理・化学者イリヤ・プリゴジン[*10]が生涯の最後の場面で考えていたのは、この非可逆性がなぜ生じるかであった。時間が向きを持つ理由は、力学だけをみるかぎり、内部には存在しない。するとここに特殊な理由が関与しているはずだと彼は考えた。それは各粒子に前後の事態を見分けるような認知能力を導入することであった。

オートポイエーシスの構想

このシステム構想の骨子は、システムには「入力も出力もない」とした点である。これは途方もない主張であり、それ以上に通常ではありえない主張である。ありえないことが述べられてしまう場合には、そこに避けようのない十分な理由がある。

まず入出力のない状態をイメージしてみる。このときイメージは対象世界のどこかに描かれている。普通に想定すれば、球状に閉じて外から遮断された物体を想起することになる（対象世界に思い描くというのは、対象として知られたかたちで描くことである）。通常閉じていれば、その物体にはそれ以上活動の余地はない。エネルギーの流れも、情報の流通もなければ、そこには活動の可能性はまずないのである。このイメージはそこで打ち止めである。イメージのなかには、間口が広くとも、入ってみれば直ちに行き止まりになっているものがおびただしくある。このイメージも描いた途端に終わっている。球形にゆがみをかけて、扁平にしたり、ナスのようによじってもあまり事態は変わらない。この場合は、そういうイメージの仕方ではダメなのだとあっさり断念したほうがよい。

次に閉じていることの理由をつけてみる。世界はいずれにしろ自分の位置から捉えられた世界である。どのように広大な世界を捉えようと自分の捉えた世界である。これは初級認識論のイメージである。点のような視点と、そこから広がっている世界が、実は同じものであり、閉域をなしている。視点や観点の閉鎖性は、ある種のトリックを含んでいる。また、思考の本性を含んでいると言ってもいい。このタイプの議論に直面すると、少々わずらわしい論述をしなければならない。以下の議論をわずらわしいと思う人は、実はまともな感性の持ち主である。

世界がある視点から捉えられているというとき、そのことを理解しているのは、視点とそこから広がった世界をまるごと対象化している視点である。この対象化している視点から議論が進められている。視点というのは、そもそもそうした本性をもつ。こうした視点（超越論的視点）が、視点一般のなかに含まれていなければ、世界は自分の視点から捉えられた世界だと言うことさえできない。ところが世界が自分の視点から捉えられたものだと言った途端に、視点をまるごと対象化された点に帰着してしまっている。そのとき対象化された点に帰着されたのは、視点の一部でしかない。そこでは世界は自分の視点から捉えられた世界だということを知っている視点を、こっそりと無理やり世界を捉えている視点と同一視するのでなければ、この議論そのものが成立しない。この事態は、世界で起きることを、あらかじめ自分にとってわかったかたちとしてしか受け入れられない者にとってのみ成立している。ここに思考の無理と怠惰が姿を現している。わからないものを、わかったかたちにしなければ落ち着けない思考の本性である。実はわかることは相当に限定された働きであり、人間の

マッハの『感覚の分析』で描かれた内側の図は、右目を閉じ左目だけで見た風景である。手前にあるのが自分の鼻である。これらの風景は、鼻の横の左目で見ているはずだが、目は自分自身を見ることができない。しかし、目で風景を見ていることはよく知っている。そのことを成立させているのが、外側の目である。目は世界のなかにあるはずなのに、まるで世界総体についてよく知っているかのように働いている。

能力のなかにはわかること以上にはるかに重要な働きが多数含まれている。実際、よくわからないが実行できる体験領域は広大である。

円運動と直線運動の異質性

さて、次に入力も出力も存在しない理由を考えてみる。生命システムは、自分の仕組みを自分でつくり出している。そのこととつくり出された造作を用いて自分で環境にかかわることとは別のことである。この二つは別の系列の働きであり、密接に関連するが、異なるシステム原理になっている。大まかに言えば、自分をつくり出す仕組みは、何度も繰り返される円環運動に近く、環境とのかかわりは自分と環境とがかかわる線型の関係である。この線型の関係を相互作用用、重複的相互作用に拡大しても、線型のものの積み重ねである。どうみても、この円環的関係と線型の関係は一義的な変換関係のある事態ではない。

かつて哲学者アリストテレスは運動を二種類に区分し、落下運動や地上の直線運動のように始まりと終わりをもつ有限の直線運動と、始まりも終わりもない無限の円運動を質の異なるものだとしていた。天上界では理想的な無限運動が行われている。この運動では、ひとたび運動が開始されてしまえば、原因も結果もなくただ運動の反復だけがある。つまり円運動がひとたび成立すると、始まり（初期条件）と終わり（結果）を区別することができなくなる。定常的にかたちが維持されているものは、初期条件と結果の区別が消滅するような動きの影である。

円運動のように周期的な動きの継続があるからといって、周期的運動が常に同じ軌道であるはずがない。二度と同じ軌道を通ることのないような軌道のブレをもちながら、なお動きの継続がある。この複雑な軌道の反復を描くテクニカルな技法が、今日カオス理論と呼ばれているものである。カオス理論のカオスは、圧縮すれば意味を失ってしまうような軌道の連鎖のことである。

いずれにしろ円環的な運動と線型の運動とは、どちらか一方から他方を導く関係にはなかった。この二つを折り合わせることができないことが、そもそもの難題の焦点だったと考えることもできる。生命の出現の場面で、エネルギーの流れにさらされながらも、エネルギーの流れからは不連続点になってしまうようなある閉域（生命の端緒）が出現したとする。この閉域を成立させている仕組みは、エネルギーの流れからはどのようにしても導けないはずである。

それがなんであるかを語ることはほとんど意味がない

これに近い議論をフランシスコ・ヴァレラ[*11]が考えた。つまり入力も出力もあるが、生命は入出力関係とはまったく異なる仕組みで成立している。ヴァレラは、私が会った時点では既に、肝臓ガンによる生体肝移植を行っていた。小柄でよく日に焼け、前歯の欠けた人なつっこい笑顔を絶やさない男だった。その当時、既にガンは他の部分に転移していたと思われる。しかし、元気一杯で物おじせず、精力的に飛び回り、人と語り合っていた。ガンが進行するにつれ、抗ガン剤も効かなくなり、最後は細胞の代謝そのものを遅らせるような薬を使っていた。そして、小柄な身体はますます小さくなり、それでも元気に飛び回っていた。フランスで亡くなったヴァレラの死にさいして、当時パリに留学していた友人に何度も検索してもらったところ、訃報を報じたメディアは、小さな記事が一つだけだった。

ヴァレラと議論したなかで印象に残っているのは、オートポイエーシスは哲学にも教育にもそのままでは使えない、という話だった。そして、そのとおりなのである。だがその理由の理解の仕方については、ヴァレラと私の意見は異なっていた。ヴァレラは直接経験科学的な定式化としては使えず、そのまま道具的に利用できないことを理由にしていたように思う。だが私は、この構想が通常の理論ではないことを認めた上で、なお骨子となる確信だけを定式化しており、定式化そのものが完備していない点を問題にしていた。しかも、定式化を完備させようとすると、複数の選択肢が出てしまうのである。理論構想としてオートポイエーシスでは足りていない道具立てを設定しているのだから、そこにアイデアを持ち込んで展開できる場合だけ、この構想を活用できることになる。

オートポイエーシスは、その意味で既に確保された水準からどれほど進むことができたかだけが問題であり、創意をもって前に進み続けなければならない。オートポイエーシスは、それがなんであるかを語ることにはほとんど意味がないかたちをしている。なんであるかを語るさいには、どこに解決できない問題が残り続けるのかが明示される必要があり、しかも、解決できない理由は実は人間のもっている数学的、文法的な記述の限界だけではない。

そのため、本当の謎はどこにあるのかが次々とわかってくるような仕方で進むしかないのである。それでは経験科学ではないと思われるかもしれない。だが、直ちに道具的に使えるものだけが、経験科学だとはかぎらないのである。

理論構想を理解しようとするさい、構想自体が完備していないために、説明をしっかり読み取って、そこで理解できたことを応用するような仕方ではまるで対応できないことがある。学習の基本は、しっかり理解することだから、理解すればやがては使えるようになると思って取りかかると、それがまったくできないのである。実はゲーテの色彩論も、ダーウィンの進化論も、そうしたタイプの構想であり、例えば、際限なく多様化する色彩経験に対して、ゲーテ色彩論の骨格だけを頭に入れれば、そこでこの色彩論を継承、会得できると考えると、まったく筋違いになる。つまり、通常の学習では足りないような構想がある。オートポイエーシスも、こうした構想として成立していたのである。

こうしたことを念頭に置いて、「入力も出力もない」という言明に対してもう少し先に進んでみる。実は先に進むさいにも複数の局面が出てしまうのであるが。

境界の形成をイメージしてみる

まずエネルギーの流れのなかに円を描くように閉域ができたとする。この円を描く運動は、エネルギーの流れからはどのようにしても導くことはできない。細胞膜のようなものは、比較的安定した囲いであり、この囲いをつくって、内外の物質濃度の落差をつくり出し、それによって内側に複雑なタンパク質や脂質を形成できるような内部環境ができることになる。こうした細胞膜のような場合は比較的安定した円環的閉域が形成される。ところが認知機能を備えた神経システムや免疫システムでは、外的条件の変化がなくとも、それ自体で内外を区分するようになる。しかも、システムそのものが作動しながら内外を区分するのである。このとき区分する働きと、それが内外の区分になっていることを知ることとの間には、かなり大きなギャップがある。あるいは知ることとは異なる仕方で、内外を区分している。

この状態をイメージ化してみよう。だがここから先のイメージ化が難しいのである。理論的定式化以前に、どこが構想の分岐点なのかを探ろうとすると、自分の経験のなかでそれをイメージ化できなければならない。言語・記号による表記以前に、このイメージ化の働きが決定的である。この場面を、「知る以前に行っていることをどのようにして知りうるのか」というような問いにもっていきたくなる。それが認識の本性であるが、それではまたもや問いを認識の中に引き戻してしまうのである。こうした問いのほうに向かってしまった場合は、初級認識論の循環に陥ってしまったのだと思ったほうがよい。問題になっているのは、知るとは異なる仕方で現に行為していることであり、そうした事態を輪郭をもった現実にすることである。このことは、それがなんであるかを知ることの手前で現実化を実行することである。

さて、どうイメージ化したらよいのだろう。そのとき運動のイメージを活用するのが有効な回路の一つである。円を描くように全力で走り続ける。走り続けるかぎり、その軌跡によって内外が結果として区分される。その現実のなかでいったいなにが見えているのかを、デザイン化してみよう。

「私の前には道はない。私の後には道ができる」。これでは高村光太郎の詩に近くなり過ぎる。しかも、この比喩では、行為とその結果の関係だけが語られている。行為を語ろうとすると、部分的にはあらかじめその結果がもたらされるように語る目的論化を避けようがない。起きた事態を人間の言語と思考回路に乗せれば、線型の配置に組み替える以外にはなく、まるで道をつくるように行為がなされるように描かれてしまう。つまり、大脳皮質は、脳の広範な領域で起きたことをうまくくみ取れないようにでき上がってしまっている。行為はある。その結果として道はできる。だが行為は道をつけようとして行為したのではない。こうした言語表記は、部分的に言語表記そのものの限界を、言語によって回避しようとしている。つまり苦し紛れという印象が残り続ける。こうした語りしかできないのが人間の言語である。ここでは感覚経験と言語との折り合いが悪いこと、そのことを言語的定式化から見たとき、行為は際限ない深みになることを押さえておこう。すなわち発見の場所となり続けるということである。

スポンジの繊維の側から水を見る

走り続けることによって、内外が初めて区分されるとき、この走り続ける位置に人間の目があったとしたらどうなるだろうか。目を内から外を見る視線だと考えず、円を描くように移動し続けることで初めて内外が区分されるような位置に目を置いてみる。すると目はそれ自体の働きで初めて世界を出現させ、世界にかかわるのである。これは世界を目で知ることのずっと手前で起きていることである。この場面をイメージ化したらどうなるのだろうか。ここでは少し飛躍させて、場面設定を考える必要がある。いまたっぷり水を含んだスポンジを思い浮かべてみる。スポンジの繊維の一つ一つに水が染み込み、繊維の周囲も水に浸されている。さらにこの繊維の一つに視点を移動させ、そこから周囲の水を見るのである。こうした事態が最初に目が世界とかかわるときのあり方である。目も世界もまさにこのことによって出現していると言ってもよい。内外が初めて区別されたとき、いまだ目は内部も外部もないように出現した世界にかかわるだけである。

ここで再度考え直してみる。疾走し続けることが同時に内外を区分するのであれば、行為の継続はまさにそのことによって質的に異なる別の事態を実行していることになる。つまり、行為はそのこと自体と、それ以外のなにか質的に異なる事態を同時に引き起こしてしまう。このことをシステム的行為の「二重作動」[*12]と私は呼んだ。そして、盲目に行為するものによっても、まさにこの二重作動を通じて世界は多様化すると考えたのである。世界の多様性の最も根本的なところに、この二重作動があると考えられる。いま声を発してみる。何度も繰り返し声を発してみる。このことが声を発するのとは別のことを出現させ、やがて音声言語につながるような複雑なシステムへとなっていくのであれば、出発点のところには声を発することと同時になにか別のことを実行してしまうような仕組みがあるにちがいない。

こう考えることの利点は、意志や欲求のような場面であっても、根底的な働きとその自己表現という仕組みを用いなくても済むことである。意志や情動や感情については、内的なものが自己表現すると考えられてきた。それは遠くルネサンス時代から、本質の自己表現というかたちで表されてきたものである。世界の本質は、自ら世界として自己表現する。生命も自ら自己表現する。というのも本質も生命も、他のものによって初めて本質や生命なのではなく、それ自体で本質であり生命だからである。それらは自ら現れるしかない。こうした自己表現という仕組みは、どこか充足し過ぎているという印象を与える。つまり、ここから生命や世界の多様性が出てくるとは思えないのである。そして、こうした自己表現論とは異なる仕組みとして、二重作動を考えたのである。どのような行為であれ二重に自ら作動する。

境界形成に先立って内外はなく入出力もない

さて内外が区分されたとき、もう一つ新たな課題が生じた。いま靴下に手を入れ、先端をもって引き抜き、裏と表をひっくり返してみる。同じようにして人間の口から手を入れ、十二指腸の末端をつかんで内臓をすべて表に出し、ひっくり返してしまう。このとき人間はどんなかたちをしているだろうか。円環的閉鎖性のあるものは、どこかでひとつながりになっている以上、内－外をひっくり返すことができる。閉鎖性のイメージの利点は、このひっくり返しにある。普通閉鎖性に直面すると、どこかで開かれていこうとするように穴を空ける

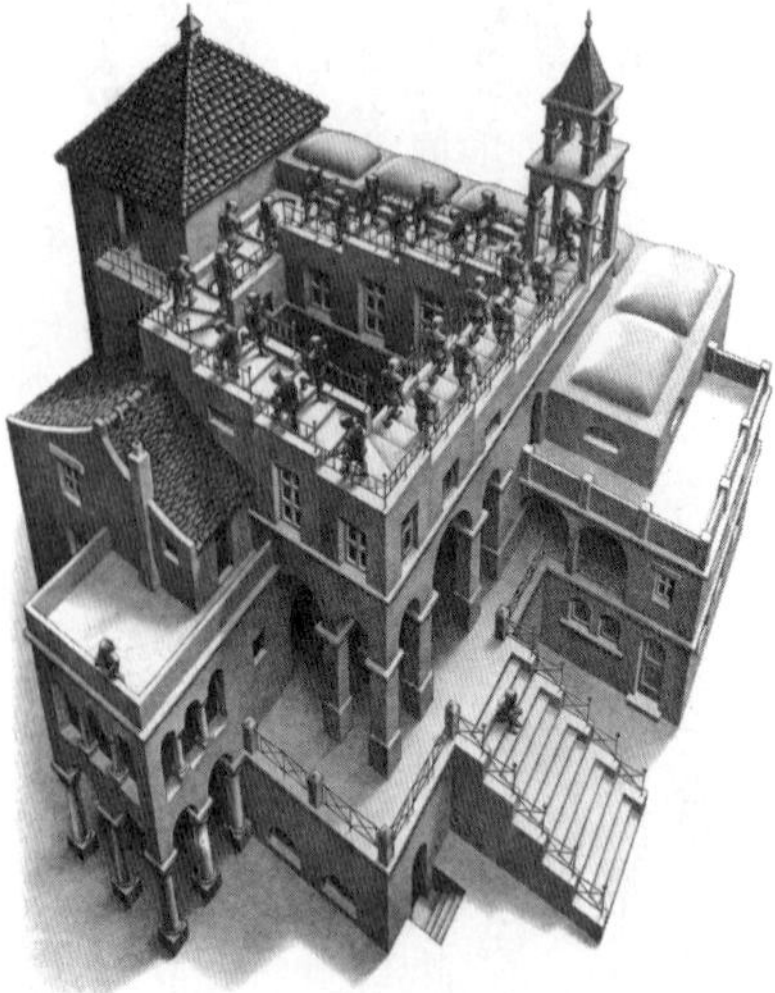

エッシャー《上昇と下降》（1960年）

のが常識であり、おのずとそんなことを考えてしまう。円環的閉鎖性の利点は、むしろ内外のひっくり返しである。画家M・C・エッシャー[*13]の階段を上りながら底に戻って行く図柄を思い出してみよう。どんどん階段を上っているのに、気がついたら底に到達している。そこからまた上るのである。ここには上から下につながる円環的閉鎖性の回路がある。この上下運動の円環を軸にして、内と外をひっくり返してみよう。少し難しい課題だが、イメージのなかで実行するのである。階段のすべてが外側に襞のように張り出して、内が空白になる。ひっくり返しができるというのは世界に厚みがあることである。この厚みの裏表をひっくり返すのである。このとき世界は二重に分岐するだけでなく、裏返された世界が出現する。こうしてイメージの世界に、二重化と裏返しの仕組みを導入できた。世界の多様性はそれにふさわしい仕組みを手にしつつある。

この系列の議論は、入力も出力もないという事態を、境界を形成する行為に力点を置いて展開しようと試みたものである。実質的内容は、境界を形成する行為によって初めて内外が区分される以上、この行為に先立って内部も外部もなく、それに対応づけられる入力も出力もない、というものであった。あるいは境界を形成する行為そのものは入力でも出力でもない。この延長上でイメージ化を推し進め、可能なかぎり進んでみたのである。

必要量を超えて細胞が形成される局面

実は入力も出力もないという事態は、より簡単に考えることもできる。神経細胞の数だけを見れば母体内の胎児5ヵ月目ぐらいが最大量であり、それ以降は総数としては減る一方である。つまり神経細胞も免疫細胞も多くの体細胞も、ともかく必要量を超えてまず形成されてしまう。形成されて後、機能しないままになっている細胞は、おのずと消滅するか、生体内の仕組みを用いて解体されるかのいずれかである。手の指が形成されるさいには、当初水かきがついているような状態で開始され、水かきの部分が消滅して指のかたちができ上がる。このとき必要量を超えて、まずそれぞれの細胞が増加する場面では、入力も出力も関与していない。通常内発的な自己形成運動と呼ばれるものは、入力や出力によって制御されるのではない。この内的な自己形成運動を示す場面が、オートポイエーシスの定式化によって示されたものだと考えるのである。そのとき膨大につくり出される要素のなかで、まがい物が出てきてしまうことがある。すべて成功裏に進むとはかぎらない。つまり自己形成運動の自己とは、まがい物と自分の要素を区分しながら、おのずと自分の集合を決めていくようなところがある。失敗した要素を集合の一員とせず、成功した要素を選び、そのつど自分の集合を決めていくのが自己である。

この場面では、要素の集合をそのつど決めて自己の範囲を決めていくのが、オートポイエーシスなのである。例えばなにかの雑誌をつくろうとして、当初5人のメンバーで開始したとする。5人のうち活動の継続に関与する人はメンバーであり続け、そうでない人はこのメンバーから落ちてしまう。ところがなんらかのきっかけでさらに参入者が増えて雑誌の販路が拡大して、8名のメンバーがこの作業の継続に関与しているとすると、メンバーの集合の範囲は、この動きのなかでおのずと決まっていくことになる。このとき自らの要素の集合の範囲を動きのなかでおのずと決めていくようなシステムが、オートポイエーシスであることになる。成功、失敗を分けているのは、**実は次の活動の継続に関与しているかどうかだけで**ある。関与できない者は失敗であり、メンバーの一員から外れ、関与する者はメンバーであり続ける。こうした事態を言語を用いて定式化しようとすると、とても入り組んだものになってしまう。というのも集合の決め方を設定するような新たな変数が出現して、突如、別の集合の決め方で動きを続けることが、しばしばあるからである。ほとんどの昆虫で見られる変態の場面では、活動の継続の仕方が変わってしまう。そうした事態を見込んで定式化されたのが、オートポイエーシスの定義であった。

そして、こうした事情を見込んで進むと、なにかをきっかけにして新たな自己形成運動が開始されてもおかしくないことがわかる。むしろ、そうした運動はささやかなきっかけでも開始することができ、それは当のシステムにとって別の可能性を開くことにもつながる。つまり、自分をつくり出すような形成運動が、履歴、年齢、性別にかかわらず常にシステムには含まれていることになる。こうした自己形成運動は、単に視点の転換や考え方の切り替えではなく、**自分自身の経験を再度つくり直すような場面に当てはめて考えることができる。**そこで起きることは、精確に「発達のリセット」である。そして、そうしたリセットのためのきっかけを一揃い用意しようとしたのが、ここまでのエクササイズであった。

停滞に見える「再組織化」と発達のリセット

発達を遺伝的に決まっているものと考えている人も多いのではないかと思う。人間の場合、生まれ落ちた当初、短期間だが水に入れば泳ぐことができ、わずかだが歩くこともできる。授乳し、体重が増えていくと、またたく間に泳ぐことも歩くこともできなくなる。そして、1年後あるいは数年後に歩くこと、泳ぐことを高度な訓練を通じて再度獲得していく。なんらかの事情でこうした訓練を行わなければ、歩くことも泳ぐこともできないままになる。人間の発達は、動物界の極端な例外であって、可塑性に富み、生物的発達とは異なるところまで発達の可能性をつくり上げている。また、片麻痺で半身が自発的に動かなくなり、治療を続けて、両足で立てるごく手前、両足で歩くことのできるごく手前まで進んで、明日にも立てたり歩けたりするのではないかと思える局面で、一時的に一挙に治療段階が後退してしまうことがある。ダメにしてしまったのではないかと思えるほどである。

神経の組織化が進むと、組織化のある段階で再度全体をつくり直す局面があるらしく、見かけ上、治療が後退しているように見える。つまり発達には、逆行がある。こうした段階を経て再度発達がリセットされるのである。能力は、ジグソーパズルを組み立てていくように、一つ一つ付け足して伸びていくことはない。ある局面で再度組織化が進み、全体の振る舞いの仕方を組み替えながら進んでいく。さらに、発達の欠損は、本人には多くの場合、自明な自然性をもっているため、本人には気づきにくく、しかも、どうすればそれに対処したことになるかがわからないのである。この事情は脳の中枢性疾患の場合も同様で、自分に欠けているものにほとんどの場合気づくことができない。

こうしたことを言い出すにはそれなりの理由がある。例えば心身の状態があまり良くないので、精神分析医に相談に行ってひとあたり話を聞いてもらい、自分の状態を理解し、過去の自分の状態を反省し、状態がいくぶんか良くなり帰宅する。だが2週間も経てば、また患者として戻ってくる。そうしたことが多いらしい。精神分析医に頼り続けるのが常態になってしまうことも多い。心身の状態を変え、心身の局面が異なるところへ組織化されていくことと、心が理解や反省を通じて一時的に落ち着くこととは、まったく異なることである。この場合、新たな状態に向かって組織化する場面は、たんなる学習ではなく、小規模だが発達にかかわっている。フロイトは、試みた治療が壁に当たるたびに新たな治療技法を考案し、そのつど新たな理論形成を行った人である。当初採用していた催眠療法を断念し、自由連想法に移行していくさいにも、催眠療法の制御の難しさに直面し、新たな治療技法に踏み込んだのである。これが一般に精神分析の誕生だといわれている。中期には、それまで3ヵ月程度に設定されていた治療セッションを、1年、2年のような長期治療に転換している。神経システムの作動状態を変え、組織化の仕方を変えるには、この程度の期間が必要なのかもしれない。というのも症状そのものは、本人の自己治癒の必死の試みの結果として生じていることが多く、この努力のあり方を変えなければならないからである。発達には、神経システムの再組織化が必要であり、そのためにはそれにふさわしい手順と局面の変動が必要なのである。

「パラダイム転換」は歴史の傍観者の主張

発達を強調することには、もう一つ理由がある。かつて知的ダイナミクスの典型例とされた、視点の転換を意味する「パラダイム転換」も、経験を形成し組織化する上では、実はあまり効果のないものである。仮に新たな視点を獲得し、新たなものの見方を学んでも、必要に応じていつでも元の視点に戻すことができ、場合によっては新たな視点はなかったことにしてもよい。パラダイム転換が指摘されるのは、歴史上、実際の転換が起き、その後いくぶんか時間が経った後のことである。転換後の位置から見れば、複数の異なる観点で物事を理解する枠組みが転換したように見える。歴史の後の段階で、複数の考え方を身につけた人が、視点を切り替えるようにしてそれらを配置したとき、それをパラダイム転換という。言ってみれば、パラダイム転換は、歴史の傍観者の主張であり、対岸の火事を見ているようなものである。

実際、転換のさなかにあってこの転換を成し遂げていく人たちは、視点の転換のようなことはしていないはずである。後に視点に要約されていくものを、繰り返し試行錯誤を通じて形成しているのであって、転換すれば済むような視点はまだどこにも存在していないからである。ガリレオがアリストテレス自然学とは異なる視点を形成して、それからその視点に合わせて別の自然学を創った、などとは信じられないことである。もっと困るのは、なにかを成し遂げていくためには、視点を切り替える程度では本来なにも変わらないことである。視点を切り替えることができるのは、既に切り替えることのできる視点を知っている場合であり、知っているものの間を既に転換している場合だけである。この場合、せいぜい他人の考え方に寛大になることができ、自分の取っている視点の相対的位置を知ることはできる。だからといって、そこから「ブレイクスルー」ができるわけではない。

パラダイム転換という事態は、実は学習理論のなかにきっちりと収まってしまう。そして、学習しているかぎり、不連続な転換が歴史上起きたことを苦もなく理解することはできる。だが、その延長上でなにか新たなものを生み出したり、自分自身の経験を組織化したりすることはほとんど無理である。パラダイム転換とは異なる仕方で踏み出すための工夫を考案することは、ようやく始まったばかりの課題だと思われる。

“伸びシロ”の発達心理学へ

発達心理学者のレフ・ヴィゴツキーに「最近接領域」という言葉がある。これは現時点の知能指数や能力の水準ではなく、その時点での「伸びる可能性の範囲や局面」を指定している。幼児教育では、自分一人では実行できないが、教員や親の助けを借りれば、実行できるようになる可能性の領域だと定義される。実際、まだ実現されていなくとも、うまくかかわれば能力が伸びるのではないかと直観的に感じられる領域は、治療、運動、技能、学力のすべての場面で存在する。しかも、さらに重要なことだが、どの程度伸びそうかは、それぞれの現場で少し場数を踏み、注意深く見守っていれば、おのずとわかるようになる。まだ実現していないこの可能性の度合いは、なんとなくだがわかる。つまりヴィゴツキーの定義は、一番外側の規定を与えただけであって、内容を詰めようとすると、さらに詳細な規定が必要となる。現実の学習場面では、半ば正解でき半ば誤ってしまうような領域のことだが、通常の規則学習では、ひとたび規則とその適用の修得がなされてしまえば、正解率は0割以上になり、半ば正解し半ば誤るような場面は、ほとんど短時間で通り過ぎてしまう。

「最近接領域」そのものには相当大きな幅があり、この幅を最大限に活用することは、学習だけでなく、能力そのものを形成する点で発達にかかわっている。能力そのものの形成は、既に獲得された学習能力の範囲で、新たな技術や技巧を身につけることとは異なる。そして、これは人間の能力であるかぎり、わずかばかりの忍耐を覚悟すれば、相当高齢になっても可能だと思われる。能力の目減りを最小にするためには、目新しいゲームやクイズを解くだけでもよい。新たな刺激を与えれば、好奇心が動き、脳は活性化するからである。だが、それにとどまらず、発達をリセットし、新たな能力の形成運動を引き起こすことは常に可能なのである。この「最近接領域」の広がりを考えると、多様なエクササイズを設定し、どこからでも開始できる課題設定をしておく必要があった。本書の全体は、そのための工夫だったのである。

＊1　同じオペレーションが繰り返されるごとに系の状態が変化していく事態の総称で、日常にも頻繁に見られる。ひき肉に胡椒を混ぜて、何度もこねていくうちに胡椒はひき肉全体にほぼ均質に混ざっていく。

＊2　「練習問題4」注＊6を参照。

＊3　木の枝は、節のところで二つに分かれ、それぞれの枝の先でさらに二つずつに分かれ、さらにそれぞれの先で二つずつに分かれる。枝の形成は同じパターンが何度も繰り返されることである。どんなに複雑に見えるものでも、基本的な形成のパターンが反復されていることが多く、そこにフラクタル図形が出現する。

＊4　ゲーテが用いて有名になったが、かなり古くから物語・説話などに登場し、変身譚には必ず含まれている。個体が自らをつくり変えて別のものになる事態の総称であり、仕組みとしては多くのモードがある。古代ギリシアの変身譚では、おしゃべり女の代表であるエコーは絶世の美男子ナルシスに言い寄り、完全に無視され悲嘆して、山に逃げてやせ衰えて死ぬが、その後山の精となり叫びに呼応して語尾だけを繰り返す声だけの存在になった。

＊5　人間の能力の可能性を最大限に発揮できたさまざまな構想の総称で、カント哲学を継承するフィヒテからヘーゲルまでの企てを指す。カントとヘーゲルは言語や概念の分析を中心として、論証的な議論や論

証の限界をつく議論が多く、公共化されやすいが、そのほかにもほとんど「人間の謎」と呼んでもよいようなたくさんの着想がみられる。例えばシェリングの「先験的過去」は、思い起こそうとしても思い起こすことのできない過去のことであり、意識がそれとして成立するさいの意識の前史である。

＊6　イリヤ・プリゴジン（化学者、物理学者）によって明示されたシステムの形成にかかわる構造で、入道雲が自動的に大きくなっていく場面や、交通の要衝に宿場町がおのずと形成されていくような場面を扱い、エネルギーの流れにさらされながらシステムを維持、増大させていく構造を指定している。

＊7　量子力学の草創期に多大な貢献をしたドイツの理論物理学者。量子力学の行列形式を定式化し、観測量関係の問題に関心を注いで、量子観測の不確定性を規定した。観察可能なものはなにかという問いには終生関心を寄せ、ゲーテの色彩論とニュートン光学の相補的な面を強調した。

＊8　今日の力学では、物は運動と相互作用の働きだけをするが、物に認知能力のようなそれ以上の働きを認めると物活論になる。フランス啓蒙思想の哲学者ディドロは、神経物質に感覚的反応を行う働きを認めていた。物に人間のような認知能力を仮構すれば擬人法になり、物全般に生命的機能を担わせれば、アニミズムに近づいてしまう。物質の機能として、力学に解消できない働きを認めることは、後の探究のための課題設定だと理解するのが望ましいと思われる。

＊9　例えば閉じた部屋のなかの多数の酸素、窒素分子の相対距離は、分子がランダムに飛び交っているかぎり、平均距離の近傍のものが一番多く、至近のものや十分遠距離のものはずっと少数になる。平均距離の頻度をグラフにすると中央がきれいに盛り上がり、裾野がなだらかな曲線となる。これを正規分布という。

＊10　ロシア出身のベルギーの化学者、物理学者。自己組織化の仕組みを大幅に更新した人で、その思想は、ドイツのヘルマン・ハーケンと並んで現在でも多大な手がかりを提供してくれる。終生の課題の一つは、時間の非可逆性にあった。

＊11　ウンベルト・マトゥラーナとともに「オートポイエーシス」の最初の定式化を行った。その論文の公刊当時から、師のマトゥラーナとの食い違いが生じており、やがて師と別れて単独で『生物学的自律性の諸原理』を著した。最晩年には現象学に至り、パリで現象学者ナタリー・ドゥプラズの下でフッサールを学び、神経現象学のかたちで、神経生理学と現象学を相補的に組み立てるやり方に赴いた。著者（河本）が実際に会ったかぎりでは、ごく普通の関心の広い科学者という印象だった。それに比べればマトゥラーナは、規格外、〝想定外〟の人間である。書いた論文もごくわずかで、しかも、どうやって構想したのかよくわからない箇所がたくさんある。マトゥラーナとドイツの若手神経生理学者が対談した本は、ほとんど議論がかみ合っているとは思えないのに、議論だけは延々と続くという不思議な内容になっている。

＊12　一九九八年頃オートポイエーシスの定義の組み替えに取り組んでいて、同時に定義の訂正・組み替えだけでなく、オートポイエーシスで起きる事態に対して、まったく別の定式化の仕方があると私（河本）は思い至った。これは、そこになにかあると感じられてから、2年後ぐらいに明確なイメージを結び、定義の変更と同時に作業を進めた。その作業の成果が二〇〇二年刊行の『メタモルフォーゼ――オートポイエーシスの核心』（青土社）である。この設定は、臨床現場の精神分析医やセラピストに歓迎され、自分たちの作業の現場に理論的定式化を与え、手がかりを与えるものだと理解された。行為には、そのなかに運動性の働きと認知的な働きが同時に進行するようなありようが含まれている。この質の異なるものの同時進行が、二重作動と名付けたものの本体の一部である。

＊13　オランダの画家。階段をどこまでも下りていくと気がつけば最上階に出ていたり、水がらせん状に流れながら昇っていくようなトリックの仕組みを、そのまま絵に描いた。見た目の面白さより、どうやってそうした図柄を組み立てていったのかをイメージしながら見ると楽しい。水流が下に流れていきながら上に戻っていく場合、そこに一つの閉域ができる。閉域が出現すれば、内外が生まれる。このときイメージのなかで内部と外部をひっくり返してみるのである。

読書案内

練習問題1

荒川修作＋マドリン・ギンズ『建築する身体――人間を超えていくために』（新版）、河本英夫訳、春秋社、二〇〇八年。

フランシスコ・ヴァレラ＋エヴァン・トンプソン＋エレノア・ロッシュ『身体化された心――仏教思想からのエナクティブ・アプローチ』田中靖夫訳、工作舎、二〇〇一年。

M・メルロ＝ポンティ『見えるものと見えないもの』滝浦静雄・木田元訳、みすず書房、一九八九年。

G・レイコフ＋M・ジョンソン『レトリックと人生』渡部昇一・楠瀬淳三・下谷和幸訳、大修館書店、一九八六年。

ジョージ・レイコフ＋マーク・ジョンソン『肉中の哲学――肉体を具有したマインドが西洋の思考に挑戦する』計見一雄訳、哲学書房、二〇〇四年。

練習問題2

『御伽草子』（全二冊）、市古貞次校注、岩波書店（岩波文庫）、一九八五―八六年。

シャミッソー『影をなくした男』池内紀訳、岩波書店（岩波文庫）、一九八五年。

太宰治「お伽草紙」、『太宰治全集』第八巻、筑摩書房、一九九八年。

ジャック・デリダ『カフカ論――「掟の門前」をめぐって』三浦信孝訳、朝日出版社（ポストモダン叢書）、一九八六年。

十島雍蔵＋十島真理『童話・昔話におけるダブル・バインド――思惟様式の東西比較』ナカニシヤ出版、一九九二年。

練習問題3

荒川修作＋マドリン・ギンズ『意味のメカニズム』市川浩訳・監修、リブロポート、一九八八年。

荒川修作＋マドリン・ギンズ『建築－宿命反転の場――アウシュヴィッツ－広島以降の建築的実験』工藤順一・塚本明子訳、水声社、一九九五年。

奈義町現代美術館編『奈義町現代美術館＝Nagi Museum of Contemporary Art』奈義町現代美術館、一九九四年。

『「遍在の場・奈義の龍安寺・建築する身体」展――荒川修作＋マドリン・ギンズ「太陽」の部屋による』奈義町現代美術館、二〇〇五年。

野矢茂樹『無限論の教室』講談社（講談社現代新書）、一九九八年。

砂田利一『バナッハ－タルスキーのパラドックス』（新版）、岩波書店（岩波科学ライブラリー）、二〇〇九年。

吉永良正『ゲーデル・不完全性定理――〝理性の限界〟の発見』講談社（ブルーバックス）、一九九二年。

練習問題4

スウィフト『ガリヴァー旅行記』平井正穂訳、岩波書店（岩波文庫）、一九八〇年。

カルヴィン・トムキンズ『マルセル・デュシャン』木下哲夫訳、みすず書房、二〇〇三年。

ジル・ドゥルーズ＋サミュエル・ベケット『消尽したもの』宇野邦一・高橋康也訳、白水社、一九九四年。

サミュエル・ベケット『マーフィー』川口喬一訳、白水社、一九七一年。

医学生物学電子顕微鏡技術学会編『ミクロの不思議な世界――電子顕微鏡でみた私たちをとりまく自然と生活環境』メジカルセンス、二〇〇一年。

『向井周太郎著作集』（『かたちの詩学：morphopoiēsis』Ⅰ）、美術出版社、二〇〇三年。

練習問題5

飯島澄男『カーボンナノチューブの挑戦』岩波書店（岩波科学ライブラリー）、一九九九年。

志村ふくみ（文）＋井上隆雄（写真）『色と糸と織と』岩波書店（岩波グラフィックス）、一九八六年。

志村ふくみ『織と文――志村ふくみ』求龍堂、一九九四年。

田中一義編『カーボンナノチューブ――ナノデバイスへの挑戦』化学同人（化学フロンティア）、二〇〇一年。

西山豊『自然界にひそむ「5」の謎』筑摩書房（ちくまプリマーブックス）、一九九九年。

R・バックミンスター・フラー『クリティカル・パス――人類の生存戦略と未来への選択』梶川泰司訳、白揚社、一九九八年。

藤本大三郎『コラーゲン物語』（第二版）、東京化学同人（科学のとびら）、二〇一二年。

マーティン・ポーリー『バックミンスター・フラー』渡辺武信・相田武文訳、鹿島出版会、一九九四年。

ジェイ・ボールドウィン『バックミンスター・フラーの世界――21世紀エコロジー・デザインへの先駆』梶川泰司訳、美術出版社、二〇〇一年。

練習問題6

ガブリエル・ウォーカー『スノーボール・アース――生命大進化をもたらした全地球凍結』川上紳一監修、渡会圭子訳、早川書房（ハヤカワ・ノンフィクション文庫）、二〇一一年。

スティーヴン・ジェイ・グールド『ワンダフル・ライフ――バージェス頁岩《けつがん》と生物進化の物語』渡辺政隆訳、早川書房（ハヤカワ・ノンフィクション文庫）、二〇〇〇年。

カール・ジンマー『水辺で起きた大進化』渡辺政隆訳、早川書房、二〇〇〇年。

リチャード・ドーキンス『悪魔に仕える牧師――なぜ科学は「神」を必要としないのか』垂水雄二訳、早川書房、二〇〇四年。

アンドリュー・パーカー『眼の誕生――カンブリア紀大進化の謎を解く』渡辺政隆・今西康子訳、草思社、二〇〇六年。

リチャード・フォーティ『三葉虫の謎――「進化の目撃者」の驚くべき生態』垂水雄二訳、早川書房、二〇〇二年。

ジョン・メイナード・スミス＋エオルシュ・サトマーリ『生命進化8つの謎』長野敬訳、朝日新聞社、二〇〇一年。

サイモン・コンウェイ・モリス『カンブリア紀の怪物たち――進化はなぜ大爆発したか』松井孝典監訳、講談社（講談社現代新書）、一九九七年。

練習問題7

A・アルトー『神の裁きと訣別するため』宇野邦一・鈴木創士訳、河出書房新社（河出文庫）、二〇〇六年。

宇野邦一『日付のない断片から』書肆山田、一九九二年。

大野一雄舞踏研究所編『大野一雄――稽古の言葉』フィルムアート社、一九九七年。

川崎市岡本太郎美術館＋慶應義塾大学アート・センター編『土方巽の舞踏――肉体のシュルレアリスム　身体のオントロジー』川崎市岡本太郎美術館、二〇〇三年。

勅使川原三郎『骨と空気』白水社、一九九四年。

土方巽『病める舞姫』白水社（白水Uブックス）、一九九二年。

和栗由紀夫『舞踏花伝』和栗ヨハナ取材・執筆、ジャストシステム、一九九八年。

練習問題8

池内了『寺田寅彦と現代——等身大の科学をもとめて』みすず書房、二〇〇五年。

池内了編『寅彦と冬彦——私のなかの寺田寅彦』岩波書店、二〇〇六年。

アントニオ・R・ダマシオ『感じる脳——情動と感情の脳科学　よみがえるスピノザ』田中三彦訳、ダイヤモンド社、二〇〇五年。

アントニオ・R・ダマシオ『デカルトの誤り——情動、理性、人間の脳』田中三彦訳、筑摩書房（ちくま学芸文庫）、二〇一〇年。

寺田寅彦『柿の種』岩波書店（岩波文庫）、一九九六年。

小宮豊隆編『寺田寅彦随筆集』（全五冊）、岩波書店（岩波文庫）、一九六三—六四年。

練習問題9

ジェイ・イングラム『脳のなかのワンダーランド』斉藤隆央訳、紀伊國屋書店、二〇〇一年。

オリヴァー・サックス『妻を帽子とまちがえた男』高見幸郎・金沢泰子訳、早川書房（ハヤカワ・ノンフィクション文庫）、二〇〇九年。

トッド・E・ファインバーグ『自我が揺らぐとき——脳はいかにして自己を創りだすのか』吉田利子訳、岩波書店、二〇〇二年。

フランカ・パンテ『認知運動療法講義』小池美納訳、宮本省三編集、協同医書出版社、二〇〇四年。

Carlo Perfetti 編著『脳のリハビリテーション——認知運動療法の提言　[1]中枢神経疾患』沖田一

彦・宮本省三監訳、小池美納訳、協同医書出版社、二〇〇五年。

宮本省三『リハビリテーション・ルネサンス――心と脳と身体の回復　認知運動療法の挑戦』春秋社、二〇〇六年。

森岡周『リハビリテーションのための脳・神経科学入門』協同医書出版社、二〇〇五年。

森岡周『リハビリテーションのための認知神経科学入門』協同医書出版社、二〇〇六年。

山田規畝子『壊れた脳　生存する知』角川学芸出版（角川ソフィア文庫）、二〇〇九年。

練習問題10

ジュゼッペ・カリオーティ『イメージの現象学――対称性の破れと知覚のメカニズム』鈴木邦夫訳、白揚社、二〇〇一年。

サルトル『想像力の問題――想像力の現象学的心理学』（改訂版）、平井啓之訳、『サルトル全集』第一二巻、人文書院、一九七五年。

田中英道『画家と自画像――描かれた西洋の精神』講談社（講談社学術文庫）、二〇〇三年。

ジャック・デリダ『盲者の記憶――自画像およびその他の廃墟』鵜飼哲訳、みすず書房、一九九八年。

ガストン・バシュラール『空と夢――運動の想像力にかんする試論』宇佐見英治訳、法政大学出版局（叢書・ウニベルシタス）、一九六八年。

ガストン・バシュラール『大地と意志の夢想』及川馥訳、思潮社、一九七二年。

ガストン・バシュラール『水と夢――物質的想像力試論』及川馥訳、法政大学出版局（叢書・ウニベルシタス）、二〇〇八年。

菱谷晋介編『イメージの世界――イメージ研究の最前線』ナカニシヤ出版、二〇〇一年。

ヴァルター・ベンヤミン『ベンヤミン・コレクション』（全七巻）、浅井健二郎編訳、筑摩書房（ちくま学芸文庫）、一九九五―二〇一四年。

山鳥重『記憶の神経心理学』医学書院（神経心理学コレクション）、二〇〇二年。

C・G・ユング『変容の象徴』（全二冊）、野村美紀子訳、筑摩書房（ちくま学芸文庫）、一九九二年。

ジョセフ・ルドゥー『エモーショナル・ブレイン――情動の脳科学』松本元・川村光毅・小幡邦彦・石塚典生・湯浅茂樹訳、東京大学出版会、二〇〇三年。

ミシェル・レリス『ピカソ　ジャコメッティ　ベイコン』岡谷公二編訳、人文書院、一九九九年。

練習問題∞

ヴィゴツキー『「発達の最近接領域」の理論――教授・学習過程における子どもの発達』土井捷三・神谷栄司訳、三学出版、二〇〇三年。

ヴィゴツキー『子どもの想像力と創造』（新訳版）、広瀬信雄訳、福井研介注、新読書社、二〇〇二年。

『形とシンメトリーの饗宴』小川泰・三浦公亮・増成隆士・三田村畯右・Dénes Nagy 監訳、森北出版、二〇〇三年。

河本英夫『オートポイエーシス――第三世代システム』青土社、一九九五年。

河本英夫『オートポイエーシス２００１――日々新たに目覚めるために』新曜社（ワードマップ）、二〇〇〇年。

河本英夫『システム現象学――オートポイエーシスの第四領域』新曜社、二〇〇六年。

木本圭子『イマジナリー・ナンバーズ――コンピュータによるヴィジュアル・プログラミング・ラボラトリー』工作舎、二〇〇三年。

ブルーナー『思考の研究』岸本弘・岸本紀子・杉崎恵義・山北亮訳、明治図書出版、一九六九年。

S・J・ブレイクモア＋U・フリス『脳の学習力――子育てと教育へのアドバイス』乾敏郎・山下博志・吉田千里訳、岩波書店（岩波現代文庫）、二〇一二年。

H・R・マトゥラーナ＋F・J・ヴァレラ『オートポイエーシス――生命システムとはなにか』河本英夫訳、国文社、一九九一年。

メルロ＝ポンティ『幼児の対人関係』木田元・滝浦静雄訳、『メルロ＝ポンティ・コレクション』第三巻、みすず書房、二〇〇一年。

あとがき

日常の経験のなかで、行き詰まったり、壁に当たったりすることは、誰にでもある。そのとき、あえてそれを気にかけないで忘れようと努めたり、慌ててその場しのぎの対応をとることも、同様に誰にでも起こりうる。だが、行き詰まることや、壁に当たることは、むしろ、好機であり、転機である。そうしたとき、経験の仕方を変え、経験の幅を変えていくようなエクササイズがあれば、この好機を現実の可能性に転換していけると思う。本書は、そうしたエクササイズを一揃い設定しようと試みている。しかも、こうしたエクササイズは、勢い込んで行うより、電車のなかや空港の待合室のようなところで、空白の時間のなかでの集中によって行うのがふさわしいと思う。

心の働きとして、この本ではイメージを前面に出している。イメージは現実の感覚・知覚の残余であったり、現実と並行する仮想世界（フィクション）の仮構であるより、むしろ、投げかけてみて、それを用いながら、経験を新たに組織化するための手がかりである。イメージとは、経験が進むたびにかたちを変えていく問いに近いものなのである。

本文中に名前を挙げた人たちとともに、多くの人たちに感謝したい。向井周太郎先生をはじめとする武蔵野美術大学・基礎デザイン学科の方々とは、頻繁に議論させていただき、多くのものを得ることができた。また、創意に満ちた回答を提示してくれた学生たちにも感謝している。理学療法系の最先端治療法である認知運動療法に取り組んでいる人びと、とりわけ宮本省三、沖田一彦、森岡周、富永孝紀、中里瑠美子、人見眞理の各氏からも多くの題材とアイデアをいただいた。この研究会との出会いがなければ、本書で扱った「発達のリセット」というテーマに到達できなかったと思う。

図版は、『オートポイエーシス２００１――日々新たに目覚めるために』（新曜社）のときと同様、今回も画像処理の専門家である静岡大学工学部准教授・橋本岳さんにお願いした。無理を聞いていただき、とても感謝している。

なによりも日経ＢＰ社出版局の川口達也さんには、大変感謝したい。今回の作業の配置は、川口さんがプロデューサー、私がディレクターの位置にいたように思う。プロデューサーが大鉈を振るって作業の方向付けを与え、ディレクターがそれに合わせて駆けずり回るという図柄である。これが結構楽しい作業なのである。名プロデューサーのおかげだと衷心より思う。

二〇〇七年初春　　河本英夫

学術文庫版あとがき

本書は、経験の本性を、「自己組織化するもの」という点で考察している。こうした試みの歴史的な前史がないわけではなく、ゲーテの『ヴィヘルムマイスターの遍歴時代』やヘーゲルの『精神現象学』が著作のテーマの一つとしたような「経験の形成」を、まったく別の仕方で取り上げようと試みたものである。

近代的な自我の形成は、一般により高度な人格を作り出す方向で、経験を蓄積し、それを内面化して、ついにはより包括的で高度な精神を形成する方向で描かれている。それを教養形成（Bildung）だと考えてきたのである。ところが二一世紀での個々の人間には、包括的な視野や素養の広さではなく、日々直面する個々の事案への「対応自在さ」や、それぞれの場面での「創意・工夫」こそが、必要とされるように思われる。この場合の教養形成では、知ることではなく、むしろ「できること」さらには「手続き的に前に進むこと」が必要とされる。また知を積み上げるような仕方ではなく、多面的、分散的に展開できることが必要とされる。

知は一般に蓄積されるのではなく、同心円的に、あるいは内部を交差させたフラフープのように展開され続けている。それが現在の知のシステム（体系）の姿である。そのため本書は、自分の一番関心のあるところから入り、その近傍に関心の向くところから読んでいくことができる。冒頭から読み進め、やがて結語へと至るという読みでも十分であるが、そうした読み方に限定されているわけでもない。

今日の情報科学の予想を超えた展開や、人工知能の急速な高度化をつうじて、従来の人間とは異なる知や知能が、人間社会の周辺におびただしく形成され続けている。これらは否応なく、人間の知の変更を迫っていくと考えられる。コンピュータのセンサーは、人間の目よりはるかにキメが細かいために、人間の目の現実とは異なる現実を捉えており、またコンピュータに蓄積されたビッグデータは、参照できる知の範囲を変えてしまった。こうした場面では、哲学もおのずと課題設定を変えていかなければならないと思われる。

伝統的には、知の三領域は、真・善・美で設定される。アリストテレスが分類し、カントが三つの『批判書』（『純粋理性批判』、『実践理性批判』、『判断力批判』）で継承してきたものである。このときヨーロッパ的な知性では、真を確保し、善へと向かい、最後に美へと課題設定するという配置で論じられてきた。カントでは、それぞれ「何を知りうるか」、「何を行為しうるか」、「何を希望しうるか」という主題領域として、この順で論じられている。ところが正しさを論じる前に、現実性そのものが大幅に変わり続けているのだから、「現実性の出現」から議論しなければならないと思われる。そうするとカントが論じた真・善・美を逆転させて、美・善・真の順で考察していくよりないと考えられる。実はこれはすでにドイツ観念論が試みてきたことでもある。

シェリングでは、自然は当初より、産出的な働きとして設定されており、個物がどのように現実化するかを問題にしていた。シェリングの自然哲学は、ここ半世紀自己組織化の議論との類似性が指摘され、自己組織化の構想の前史として論じられてきている。だがシェリングの自然哲学は、構想の仕組みから見てアナログ的である。これに対して現代の自己組織化の構想は、一貫してデジタル的である。そうなるとおのずと設定される課題も、経験の形成の仕組みも、大幅に異なってくる。本書はそこに踏み込もうとしている。

経験を自己組織化するものというように考えていく場合、ただちにほとほと困り果てるような事態に直面する。自己組織化では、経験は進行し続け、つねにプロセスのさなかにある。この事態を描くためには、個々の場面を動詞で表現するべきなのだが、人間の言語では動詞は細かく形成されてこなかった。名詞は膨大な量のものが作り出されており、固有名詞を含めると際限なく作り続けられている。だが進行し続けるプロセスのさなかで起きることを名詞で描こうとすると、実は当初より筋違いになってしまっている。人間の言語は、活動態を描くためには、本当に不出来にできてしまっている。

一般に、心や魂や意識や精神や身体は、いずれも活動態である。本来はそれらを動詞で描くことができればよいのだが、人間の言語では容易なことではない。そこで「心」や「魂」を名詞（普遍化されたものが概念）として捉えると、活動態の影のようになってしまい、半ば必然的に意味内容が決まらなくなってしまう。そのため際限なく筋違いの議論が続いたというのが、歴史の実情である。「魂」という語も、それを論じる人たちの数だけ意味が出てしまうというのが、実際起きてきたことである。同様な事態が、「存在」という語でも起きている。成立している事象は、「存在する」という動詞形の現実である。そのとき活動態が固有の位相空間を形成したり、既存の空間に位置を占めたり、空間を変容させたりというような仕方で考察することができる。「存在する」という動詞には、さまざまな活動のモードがあることがわかる。これを「存在」もしくは「存在すること」という名詞や抽象名詞で考えてしまうと、事態がまったく異なるかたちで変形され、数々の筋違いを生み出してきた。活動の結果を当初より成立している根源的な事象だとするために、議論だけは際限なく続いてきたのである。それも歴史の実情である。

こうした名詞と動詞にかかわる議論は、言語的な文（主語－述語）において主語（名詞）ではなく、述語から考えていかなければならないという主張とは、いくぶんか異なっている。主語で表記される主体は、いずれにしろ活動の副産物であり、活動の結果であるが、その場合でも述語はただちに抽象名詞化され、補語になる。そうなると要になるのは、述語という文法形式上の位置価の力点を変えることではなく、むしろ動詞から「手続き的経験」に展開していくさまざまな回路をどのように整備していくかだと思われる。本書は、そのための試行錯誤でもある。

ところで活動態を運動として記述していくと、プロセスの外からまるでそれを観望するように描くことになる。位置を決め、時間的な推移を記して、到達点までの運動の結果を外から描くのである。こうしたガリレオ・ニュートンタイプの科学的記述では、プロセスはただ位置と位置の変化で描かれていく。こうした記述に対して、たとえばゲーテは目にとっての色彩の出現を手続き的に導くような「色彩論」を考案し、ベルクソンは内的に創発する進化を描こうとした。科学的な運動の記述は強力なものだが、そこでも現に進行している活動の影を記述しているかたちになる。影から経験の進行を修得することは容易ではない。

そこでできるだけ動詞に近い位置で経験できる事象を取り上げ、動詞的な経験や手続き的経験として遂行できる場面を「エクササイズ」(練習問題)として設定した。エクササイズという設定は、クイズのように知識としてなにかを知ることではなく、経験を動かすためのきっかけとして活用したいという思いからである。動詞的な事象としては、主に触覚とイメージをとりあげた。触覚は、たとえばテーブルのざらつきを細かく知ろうとすれば、三〇〇〇種類程度の識別が可能なようだが、歩行時の足の裏のように、余分な認知を行わず、おのずと不要なデータを無視する本性があり、身体行為の連動に必要な認知のみを行っている。またテーブルのざらつきを知る場合にも、どのようにわずかであれ、前方方向への運動が内在している。触覚は、いつも一つの活動態であり、活動態をそぎ落としたのでは、ただちに触覚とは別のものになってしまう。イメージも「自分自身の顔」や「自分自身の体形」のように、多くの場合それとして見たことはないが、にもかかわらずよく知っているような「遂行的イメージ」を活用している。遂行的イメージは、多くの選択肢を内在させたイメージの輪郭のことである。本書では、これらの領域を中心として、経験を活動態としてさらに一歩作動させるためのエクササイズを設定してある。こうした触覚領域と、イメージの領域は、実はながらく哲学の周辺に放置されてきたままであった。哲学の中心を占めてきたのは、知覚であり、思考である。いずれも真偽の判定に直結した能力である。ここでは真偽の判定よりも、経験の展開可能性に力点を置いて手順を進めており、それぞれの場面でできるだけそれにふさわしいエクササイズを設定してきたつもりである。

本書を再度文庫本のかたちで公刊するにあたって、いくつかの箇所を圧縮し、いくつかの事柄を書き足したが、基本線はそのまま維持してある。担当してくれた講談社・学芸部の互盛央さんには、とても感謝している。

二〇一八年二月　　河本英夫

本書は、二〇〇七年に日経ＢＰ社より刊行された
『哲学、脳を揺さぶる――オートポイエーシスの
練習問題』を改題して文庫化したものです。

河本英夫（かわもと　ひでお）

1953年生まれ。東京大学大学院理学系研究科博士課程満期退学。博士（学術）。専門は，科学論・システム論・オートポイエーシス。現在，東洋大学文学部哲学科教授。主な著書に，『オートポイエーシス』，『臨床するオートポイエーシス』，『〈わたし〉の哲学』，『経験をリセットする』ほか多数。

講談社学術文庫

定価はカバーに表示してあります。

哲学《てつがく》の練習問題《れんしゅうもんだい》

河本《かわもと》英《ひで》夫《お》

2018年4月10日　第1刷発行

発行者　渡瀬昌彦
発行所　株式会社講談社
東京都文京区音羽 2-12-21 〒112-8001
電話　編集（03）5395-3512
販売（03）5395-4415
業務（03）5395-3615
装　幀　蟹江征治
印　刷　株式会社廣済堂
製　本　株式会社国宝社
本文データ制作　講談社デジタル製作

ISBN978-4-06-292480-1

「講談社学術文庫」の刊行に当たって

これは、学術をポケットに入れることをモットーとして生まれた文庫である。学術は少年の心を養い、成年の心を満たす。その学術がポケットにはいる形で、万人のものになることは、生涯教育をうたう現代の理想である。

こうした考え方は、学術を巨大な城のように見る世間の常識に反するかもしれない。また、一部の人たちからは、学術の権威をおとすものと非難されるかもしれない。しかし、それはいずれも学術の新しい在り方を解しないものといわざるをえない。

学術は、まず魔術への挑戦から始まった。やがて、いわゆる常識をつぎつぎに改めていった。学術の権威は、幾百年、幾千年にわたる、苦しい戦いの成果である。こうしてきずきあげられた城が、一見して近づきがたいものにうつるのは、そのためである。しかし、学術の権威を、その形の上だけで判断してはならない。その生成のあとをかえりみれば、その根は常に人々の生活の中にあった。学術が大きな力たりうるのはそのためであって、生活をはなれた学術は、どこにもない。

開かれた社会といわれる現代にとって、これはまったく自明である。生活と学術との間に、もし距離があるとすれば、何をおいてもこれを埋めねばならない。もしこの距離が形の上の迷信からきているとすれば、その迷信をうち破らねばならぬ。

学術文庫は、内外の迷信を打破し、学術のために新しい天地をひらく意図をもって生まれた。文庫という小さい形と、学術という壮大な城とが、完全に両立するためには、なおいくらかの時を必要とするであろう。しかし、学術をポケットにした社会が、人間の生活にとってより豊かな社会であることは、たしかである。そうした社会の実現のために、文庫の世界に新しいジャンルを加えることができれば幸いである。

一九七六年六月

野間省一

孔子
金谷《かなや》 治《おさむ》著
人としての生き方を説いた孔子の教えと実践。二千年の歳月を超えて、今なお現代人の心に訴える孔子の魅力とは何か。多年の研究の成果をもとに、聖人ではない人間孔子の言行と思想を鮮明に描いた最良の書。
935

エコエティカ 生圏倫理学入門
今道友信著
人類の生息圏の規模で考える新倫理学の誕生。今日の高度技術社会の中で、生命倫理や医の倫理などすべての分野で倫理が問い直されている。今こそ人間の生き方に関わる倫理の復権が急務と説く注目の書き下し。
946

現代の哲学
木田 元著
現代哲学の基本的動向からさぐる人間存在。激動する二十世紀の知的状況の中で、フッサール、メルロ＝ポンティ、レヴィ＝ストロースら現代の哲学者達が負った共通の課題とは？ 人間の存在を問う現代哲学の書。
968

淮南子《えなんじ》の思想 老荘的世界
金谷 治著（解説・楠山春樹）
無為自然を道徳の規範とする老荘の説を中心に、周末以来の儒家、兵家などの思想をとり入れ、処世や政治、天文地理から神話伝説まで集合した淮南子の人生哲学の書。諸子から戦国時代までを網羅した中国思想史。
1014

探究Ⅰ・Ⅱ
柄谷行人著（解説・野家啓一）
闘争する思想家・柄谷行人の意欲的批評集。本書は《他者》あるいは《外部》に関する探究である。著者自身をふくむこれまでの思考に対する「態度の変更」を意味すると同時に知の領域の転回までも促す問題作。
1015・1120

精神としての身体
市川 浩著（解説・中村雄二郎）
人間の現実存在は、抽象的な身体でなく、生きた身体を離れてはありえない。身体をポジティブなものとして把え、心身合一の具体的身体の基底からの理解をめざす。身体は人間の現実存在と説く身体論の名著。
1019

哲学・思想・心理

現象学とは何か
新田義弘著（解説・鷲田清一）

《客観的》とは何か。例えばハエもヒトも客観的に同一の世界に生きているのか。そのような自然主義的態度を根本から疑ったフッサールの方法論的改革の営為を追究。危機に瀕する実在論的近代思想の根本的革新。

1035

〈身《み》〉の構造　身体論を超えて
市川　浩著（解説・河合隼雄）

空間がしだいに均質化して、「身体は宇宙を内蔵する」という身体と宇宙との幸福な入れ子構造が解体してゆく今日、我々にはどのようなコスモロジーが可能かを問う。身体を超えた錯綜体としての〈身〉を追究。

1071

群衆心理
G・ル・ボン著／櫻井成夫訳（解説・穐山貞登）

民主主義の進展により群集の時代となった今日、個人の理性とは異質な「群集」が歴史を動かしている。その群集心理の特徴と功罪を心理学の視点から鋭く分析する。史実に基づき群集心理を解明した古典的名著。

1092

老子・荘子
森　三樹三郎著

東洋の理法の道の精髄を集成した老荘思想。無為自然に宇宙の在り方に従って生きることの意義を説いた老荘。彼らは人性の根源を探究した。仏教や西洋哲学にも多大な影響を与えた世界的思想の全貌を知る好著。

1157

現代倫理学入門
加藤尚武《ひさたけ》著

現代世界における倫理学の新たなる問いかけ。臓器移植や環境問題など現代の日常生活で起きる道徳的ジレンマ・難問に、倫理学はどう対処し得るのか。現代倫理学の基本原理を明らかにし、その有効性を問う必読の倫理学入門書。

1267

プラトン対話篇**ラケス**　勇気について
プラトン著／三嶋輝夫訳

プラトン初期対話篇の代表的作品、新訳成る。「勇気とは何か」「言と行の関係はどうあるべきか」を主題に展開される問答。ソクラテスの徳の定義探求の好例とされ、構成美にもすぐれたプラトン初学者必読の書。

1276

柄谷行人著（解説・鎌田哲哉）
〈戦前〉の思考
国民国家を超克する「希望の原理」とは？「終わり」が頻繁に語られる時、我々は何かの「事前」に立っていることを直観している。戦前を反復させぬために〈戦前〉の視点から思考を展開する著者による試論集。

1477

中島義道著
哲学の教科書
平易なことばで本質を抉る、哲学・非-入門書。哲学とは何でないか、という視点に立ち、哲学の何たるかを探る。物事を徹底的に疑うことが出発点になる、哲学センス・予備知識ゼロからの自由な心のトレーニング。

1481

坂部　恵著
カント
哲学史二千年を根源から変革した巨人の全貌。すべての哲学はカントに流れ入り、カントから再び流れ出す。認識の構造を解明した『純粋理性批判』などカントの独創的作品群を、その生涯とともに見渡す待望の書。

1515

小坂国継著
西田幾多郎の思想
自己探究の求道者西田の哲学の本質に迫る。強靭な思索力で意識を深く掘り下げた西田幾多郎。西洋思想と厳しく対決して、独自の体系を構築。西田哲学とはどのようなものか。その性格と魅力を明らかにする。

1544

小此木啓吾著
現代の精神分析　フロイトからフロイト以後へ
精神分析百年の流れを、斯界第一人者が展望。二十世紀は精神分析の世紀でもある。始祖フロイトの着想から隣接諸科学を巻き込んだ巨大な人間学の大成へ。一世紀にわたる精神医学のスリリングな冒険を展望する。

1558

古川　薫全訳注
吉田松陰　留魂録
大文字版
死を覚悟して執筆した松陰の遺書を読み解く。志高く維新を先駆した思想家、吉田松陰。安政の大獄に連座し、牢獄で執筆された『留魂録』。松陰の愛弟子に対する最後の訓戒で、格調高い遺書文学の傑作の全訳注。
1565

哲学・思想・心理

山川偉也著
哲学者ディオゲネス 世界市民の原像
甕《かめ》の中に住まい、ぼろをまとってアテナイの町をうろつき教説を説いた「犬哲学者」の実像とは。そして、アリストテレス的人間観を全否定して唱導・実践した「世界市民」思想とは何か。その現代的意味を問う。
1855

佐々木正人著（解説・計見一雄）
アフォーダンス入門 知性はどこに生まれるか
アフォーダンスとは環境が動物に提供するもの。外界は人間に対してどんな意味を持つのか。また知性とは何なのか。二〇世紀後半に生態心理学者ギブソンが提唱し衝撃を与えた革命的理論をわかりやすく紹介。
1863

野家《のえ》啓一著
パラダイムとは何か クーンの科学史革命
著書『科学革命の構造』によってそれまでの科学史の常識に異を唱えたトーマス・クーン。考古学的手法で「知の連続的進歩」という通念を覆し、二〇世紀後半最大の流行語となった「パラダイム」概念を解説。
1879

三浦國雄訳注
「朱子語類」抄
儒教・仏教・道教を統合した朱子学は、万物の原理を求め、縦横無尽に哲学を展開する。理とは？　気とは？　宇宙の一部である人間は、いかに善をなしうるのか？　近世以降の東アジアを支配した思想を読む。
1895

大塚健洋著
大川周明 ある復古革新主義者の思想
資本主義打倒を訴えていた学生が、日本精神に目覚めアジア主義へと展開する思想経路はいかなるものだったのか。また大東亜戦争の理論家として破局に向かう道行とは？「始末に困る」至誠の人の思想と生涯。
1936

加地伸行全訳注
論語 増補版
人間とは何か。溟濛の時代にあって、人はいかに生くべきか。儒教学の第一人者が『論語』の本質を読み切り、独自の解釈、達意の現代語訳を施す。漢字一字から検索できる「手がかり索引」を増補した決定新版！
1962